conhecimento,
ignorância,
mistério

Obras do autor pela Bertrand Brasil:

O mundo moderno e a questão judaica

Filhos do céu [coautoria com Michel Casse]

Cultura e barbárie europeias

Meu caminho

Rumo ao abismo?

Edwige, a inseparável

O caminho da esperança [coautoria com Stephane Hessel]

Meus demônios

A religação dos saberes

Amor, poesia, sabedoria

Minha Paris, minha memória

Como viver em tempos de crise?

A via

Conhecimento, ignorância, mistério

É hora de mudarmos de via: lições do coronavírus

Ciência com consciência

Lições de um século de vida

A cabeça bem-feita

Despertemos!

História(s) de vida

EDGAR MORIN
conhecimento, ignorância, mistério

Tradução
CLÓVIS MARQUES

3ª edição

Rio de Janeiro | 2023

EDITORA-EXECUTIVA
Renata Pettengill

SUBGERENTE EDITORIAL
Marcelo Vieira

ASSISTENTE EDITORIAL
Samuel Lima

ESTAGIÁRIA
Geórgia Kallenbach

COPIDESQUE
João Pedro Dutra Maciel

DIAGRAMAÇÃO
Beatriz Carvalho

CAPA
Leonardo Iaccarino

CIP-BRASIL. CATALOGAÇÃO NA PUBLICAÇÃO
SINDICATO NACIONAL DOS EDITORES DE LIVROS, RJ

M85c   Morin, Edgar
3ª ed.   Conhecimento, ignorância, mistério / Edgar Morin; tradução Clóvis Marques.
          – 3ª ed. – Rio de Janeiro: Bertrand Brasil, 2023.

          Tradução de: Connaissance, ignorance, mystère
          ISBN 9788528624717

          1. Teoria do conhecimento. I. Marques, Clóvis. II. Título.

20-64275   CDD: 121
                                                  CDU: 165

Meri Gleice Rodrigues de Souza – Bibliotecária CRB-7/6439

Copyright © Librairie Arthème Fayard, 2017.

Título original: *Connaissance, ignorance, mystère*

Texto revisado segundo o Acordo Ortográfico da Língua Portuguesa de 1990.

2023
Impresso no Brasil
Printed in Brazil

Todos os direitos reservados.
Não é permitida a reprodução total ou parcial desta obra, por
quaisquer meios, sem a prévia autorização por escrito da Editora.

Direitos exclusivos de publicação em língua portuguesa somente para o Brasil adquiridos pela:
EDITORA BERTRAND BRASIL LTDA.
Rua Argentina, 171 – 3º andar – São Cristóvão
20921-380 – Rio de Janeiro – RJ
Tel.: (21) 2585-2000

Seja um leitor preferencial. Cadastre-se no site www.record.com.br
e receba informações sobre nossos lançamentos e nossas promoções.

Atendimento e venda direta ao leitor:
sac@record.com.br

Sumário

Prelúdio   07

Capítulo 1
O conhecimento ignorante   15

Capítulo 2
A realidade   21

Capítulo 3
Nosso universo   32

Capítulo 4
A vida, revolução na evolução   46

Capítulo 5
A criatividade viva   57

Capítulo 6
O humano desconhecido de si mesmo   66

Capítulo 7
O cérebro e o espírito   73

Capítulo 8
Pós-humanidade   98

Finale   108

Prelúdio

E sua ciência aumenta tanto
Que ele fica sem conhecê-la.

João da Cruz

Quem aumenta seu conhecimento
aumenta sua ignorância.

Friedrich Schlegel

O império do saber largou as amarras.
Flutua para o mistério e para a noite.

Manuel de Dièguez

Ainda vivemos na infância
da espécie humana, os horizontes representados
pela biologia molecular, o DNA, a cosmologia
começam a se descortinar. Nós não passamos
de crianças em busca de respostas, e à
medida que a ilha do conhecimento se amplia,
se alargam também as margens da nossa ignorância.

John Wheeler

*Chegou o momento em que só o que permaneceu
incompreensível poderá nos interpelar!*

RENÉ CHAR

A rã no fundo do poço não conhece o alto-mar.

PROVÉRBIO JAPONÊS

*As coisas não são misteriosas por
serem indícios de outra coisa, mas porque são.*

VLADIMIR JANKÉLÉVITCH

*O mais alto objeto de criação nos aponta
hoje o impensável, com o qual
devemos agora aprender a viver da maneira
mais humana e completa possível.*

PATRICK CHAMOISEAU

*As ciências têm duas extremidades que se
tocam. A primeira é a pura ignorância
natural em que se encontram todos os homens ao
nascer. A outra extremidade é aquela a que chegam
as grandes almas, que, tendo percorrido tudo
que os homens podem saber, constatam que
eles nada sabem e se encontram nessa
ignorância da qual eles haviam partido:
mas é uma ignorância sábia que se conhece.*

BLAISE PASCAL

*O homem que não medita vive na
cegueira, o homem que medita
vive na escuridão.*

Victor Hugo

Eu gosto de conhecer.

Preservei as curiosidades da infância, os questionamentos da adolescência, e, aos 27 anos, no meu livro *O homem e a morte*, investiguei aquilo que, na condição humana, representa o maior problema e requer uma cultura transdisciplinar; aos 30, tive a sorte de me juntar ao CNRS,* que me permitiu satisfazer minha curiosidade e meus questionamentos, louvado seja pela liberdade que me deu!

Ainda sinto vividamente o prazer das descobertas e elucidações, e não parei de ler revistas científicas e trabalhos acadêmicos que me mantêm informado sobre os prodigiosos avanços do conhecimento.

Muito rapidamente, porém, entendi que a relação entre o conhecimento e a realidade trazia à tona o problema levantado há muito tempo por pensadores indianos, chineses, gregos, aventado novamente por Kant e hoje pela ciência do cérebro e pela filosofia do conhecimento: o que conhecemos? O que podemos conhecer da realidade?

O conhecimento que se torna problemático revela a própria realidade problemática, que torna igualmente problemático o espírito produtor do conhecimento, que hoje em dia torna enigmático o cérebro produtor do espírito.

Vamos dar assim na relação inseparável e circular entre realidade, conhecimento, espírito e cérebro. Descobrimos uma incógnita em cada um deles e, coisa paradoxal, a incógnita está no interior do conhecido e do que conhece. Em outras palavras, tudo que elucida se torna obscuro sem deixar de elucidar.

---

* Centro Nacional da Pesquisa Científica, organismo público francês. (N. do T.)

Isso não matou minha sede de conhecimento, mas a estendeu e ampliou com o objetivo de tentar conhecer o próprio conhecimento — suas possibilidades, seus limites, seus riscos de erro, de ilusão — e de buscar meios para elaborar o conhecimento mais pertinente possível, o que me levou a escrever a coleção *O método*.

Continuo sentindo o prazer das descobertas, das elucidações, tanto a propósito do universo quanto dos pequenos detalhes da vida cotidiana. Isso suscitou em mim, com cada vez mais força, o espanto — às vezes assombro, às vezes vertigem — de estar vivo, de caminhar, de estar sob o sol, de olhar a lua crescente no céu noturno, de contemplar a infinidade de estrelas, minúsculas aos meus olhos, enormes no meu conhecimento.

Tudo que é evidente, tudo que é conhecido se transforma em espanto e mistério.

Meu espanto aumenta a cada olhar, a cada sensação. Não é apenas o mistério da vida, da existência, da realidade, mas também a cara dos transeuntes na rua, as árvores, os animais...

Espanto-me com as sementes amontoadas, protegidas como bebês dentro da carne do melão, as sementes da uva, ou o caroço recolhido no núcleo cascudo do pêssego.

Tenho o forte sentimento do invisível escondido dentro do que é visto.

Sinto o que foi sentido por tantos espíritos em tantas civilizações, o sentimento de uma verdade secreta a que se precisa buscar com obstinação e ascese, até a iniciação que afinal permite chegar à verdade esotérica. Mas concluí que essa verdade permanecerá para sempre oculta à nossa consciência. Os que acreditam ter chegado a ela se iludem com uma palavra-chave que os ilumina. De resto, fico sempre estarrecido quando ouço os que saem brandindo *a* palavra que dissipa todas as trevas: Deus, Matéria, Espírito, Razão, Determinismo.

Sou daqueles que se maravilham com o universo, mas não dos que lhe atribuem um sentido ou o racionalizam.

Quando o grande Einstein se encanta com a razão superior que rege o universo, não posso deixar de pensar que essa razão superior está misturada a uma loucura imoderada, com os aniquilamentos de antimatéria pela matéria, as colisões e explosões estelares, as desintegrações ininterruptas de tudo que é integrado, sem contar os cataclismos que a história da vida conheceu e, se passarmos ao ser humano, das extinções de civilizações, das destruições culturais e dos embates, massacres, delírios e crueldades de todas as espécies!

A razão do que é científico se projetou no mundo e se incorporou a ele. Da mesma forma, os que acreditam em um "espírito do universo" projetam seu espírito no universo e o incorporam a ele.

Os que projetam sua razão no universo tendem a considerar a irracionalidade uma ilusão dos ignorantes e, assim, se tornando eles próprios irracionais na ilusão racionalista, tendem a ficar cegos à irracionalidade do mundo.

Quanto mais vemos o que existe de racional, mais é necessário ver também o que escapa à razão.

Podemos nos maravilhar com a ordem harmoniosa das leis universais, mas oculta-se o fato de que nosso universo é um jogo múltiplo de ordem e desordem. Como constatou Heráclito de maneira decisiva cinco séculos antes da nossa era, a harmonia e a desarmonia se combinam, o que concorda e o que discorda se unem, e, se o conflito não é o pai único de todas as coisas, pois é inseparável da união, Eros e Tânatos estão, ao mesmo tempo, em complementaridade e antagonismo permanentes.

Sim, existem extraordinárias potências organizadoras no nosso universo, do átomo à galáxia. Mas existem forças desorganizadoras igualmente extraordinárias, das quais o segundo princípio da termodinâmica foi um revelador. O assombro não deve ocultar o fato de que nosso universo é ativado pela morte e pela destruição e também trabalha para elas.

Seguindo os passos de Teilhard de Chardin, houve quem visse na história do universo uma escalada da complexidade para formas superiores do espírito. Ora, essa escalada é marginal num planeta pequeno como a nossa Terra, sujeito a regressões e diversas casualidades. Ao mesmo tempo, sob a influência de uma força hoje chamada de energia negra, o universo caminha rumo à dispersão e à morte.

Não vamos embelezar o universo, apesar de suas glórias. Tampouco vamos racionalizá-lo, apesar de suas coerências, e tratemos de ver também o que escapa à nossa razão.

Há quem acredite ter encontrado o segredo do universo num algoritmo supremo. Mas de onde sairia esse algoritmo, versão matemática e hiperabstrata do Deus criador e que ainda por cima só seria capaz de produzir ordem?

Joël de Rosnay[1] nos revela os "códigos ocultos" do universo, mas no mesmo movimento essa revelação encobre o mistério de que saíram esses códigos. Sua vontade de compreender se desviou do incompreensível.

Marc Halévy, cujo princípio de emergência aprovo, como veremos, afirma que a emergência do universo se deve a uma "intenção primeira".[2] Aos meus olhos, é a versão conativa residual do Deus genético e nos esconde o mais profundo mistério.

Estou convencido, pelo contrário, de que, na expressão de João da Cruz, o mistério está na "nuvem tenebrosa", fora do nosso alcance.

> *quanto mais ele se elevava*
> *menos ele entendia*
> *o que era a nuvem tenebrosa*
> *que iluminava a noite*[3]

O espanto ininterrupto leva à interrogação ininterrupta. Eu busco e encontro tantas e tantas explicações nas ciências, mas essas explicações contêm coisas inexplicáveis e suscitam novas interrogações.

Eu sei que minha razão, meu espírito me descortinam o mundo, a realidade, a vida, e sei ao mesmo tempo que me fecham em e por seus

---

1. Joël de Rosnay, *Je cherche à comprendre*, Les liens qui libèrent, 2016.
2. Marc Halévy, comunicação ao Congresso Mundial do Pensamento Complexo, Paris, Unesco, 8-9 de dezembro de 2016.
3. João da Cruz, *Entreme donde no supe, in Poésies complètes*, José Corti, 1991.

limites, e que o mundo, a realidade, a vida que conheço recobrem o desconhecido.

Vivo cada vez mais com a consciência e o sentimento da presença do desconhecido no conhecido, do enigma no banal, do mistério em todas as coisas e, em particular, dos avanços do mistério em todos os avanços do conhecimento.

Dostoiévski dizia: "O homem é um mistério. Se dedicarmos nossa vida inteira a esclarecê-lo, não teremos perdido nosso tempo." E acrescentava: "Eu me ocupo desse mistério, pois quero ser um homem."

Passei a vida inteira envolvido com o mistério humano e me preocupando com ele. Isso faz parte de um mistério mais amplo.

1

O conhecimento ignorante

Estamos numa sociedade de expansão dos conhecimentos, mas também de regressão do conhecimento.

A expansão dos conhecimentos é tão irresistível quanto a expansão do universo. O espírito humano não tem capacidade de captar, abarcar, organizar sua crescente imensidão. Se, por meio de dicionários, enciclopédias, internet, big data, pode acumulá-los, e se pode ou poderia "algoritmizar" alguns deles, não tem como abarcar o todo em expansão.

Mesmo numa disciplina como a biologia molecular, o conhecimento está em expansão acelerada, e nela não é possível um conhecimento exaustivo ou definitivo. Podemos nos limitar ao conhecimento exaustivo de um fragmento minúsculo do saber, do qual, como dizia Raymond Aron, saberíamos tudo sobre nada. Nosso conhecimento estaria condenado a ser parcial ou será que, apesar de inacabado e inacabável, haveria para nós, seres humanos do século XXI, um caminho para detectar os conhecimentos essenciais e depois ligá-los uns aos outros, para tratar dos problemas fundamentais e globais?

O conhecimento dos problemas fundamentais e globais requer a reconexão dos conhecimentos separados, divididos, compartimentalizados, dispersos. Acontece que nosso ensino nos orienta a separar os conhecimentos, e não a ligá-los. Ainda assim, precisamos de um conhecimento que saiba unir. Por isso é que, ao longo de trinta anos de trabalho, elaborei, a partir de conceitos já formulados,[4] porém subutilizados e subestimados, quando não ignorados, um método para articular os saberes uns aos outros e torná-los complementares. O método pretende apreender a complexidade, não a completude, pois estamos condenados à incompletude. O conhecimento complexo não pode, no seu seio, eliminar a incerteza, a insuficiência, o inacabado. Mas tem o mérito de reconhecer a incerteza, a insuficiência, o inacabado dos nossos conhecimentos.

A dispersão e a compartimentalização dos conhecimentos nas disciplinas especializadas eliminam os grandes problemas que surgem quando associamos os conhecimentos enfeixados nas disciplinas. Assim, as interrogações essenciais são eliminadas. Sua ignorância alimenta um ignorantismo que reina não só sobre nossos contemporâneos, mas também sobre cientistas e especialistas, ignorantes da sua ignorância.

Devemos aos avanços das ciências, desde a física quântica à cosmologia pós-Hubble, à biologia molecular, à genética, à etologia animal, à unificação das ciências da Terra e ao desenvolvimento da ecologia, extraordinárias descobertas e elucidações a propósito do universo, da Terra e da vida.

Entretanto, as gigantescas elucidações da ciência lhe escondem suas cegueiras. Ela é ignorante sobre seus pressupostos, apesar de esclarecidos pelos filósofos das ciências: Edmund Husserl, Gaston Bachelard, Karl Popper, Thomas Kuhn, Paul Feyerabend, Mario Bunge, Gerald Holton, Isabelle Stengers, Michel Serres. Ela é ignorante das cegueiras geradas pela disjunção (que separa o que naturalmente é inseparável, como cérebro/espírito, homem/natureza) e pela redução (que visa a explicar um todo a partir das partes que o constituem, ao passo que o todo produz qualidades desconhecidas das partes).

---

4. Por Ludwig von Bertalanffy, John von Neumann, Heinz von Foerster, Norbert Wiener, William Ashby, Gregory Bateson, entre outros.

Vendo e proclamando apenas seus benefícios, ela é cega, exceto quanto aos enormes perigos éticos e políticos provocados pelos seus desdobramentos físicos (arma nuclear e outras de morte em massa) e biológicos (perigos de manipulação cerebral e de manipulação genética). Existe um buraco negro no interior da atividade e do espírito dos cientistas quando se dizem detentores das Tábuas da Razão.

Melhor ainda: os fabulosos progressos dos conhecimentos científicos revelaram constantemente camadas cada vez mais amplas e profundas de ignorância; a nova ignorância é diferente da antiga, que vem da falta de conhecimentos; a nova surge do próprio conhecimento. Antigos mistérios, como o da natureza da nossa realidade, foram revivificados pela microfísica e a astrofísica. Nos fundamentos do nosso universo, os avanços da microfísica revelaram uma sub-realidade na qual tempo, espaço e localização desapareceram. Os avanços da astrofísica nos mergulharam no mistério das origens, e revelaram não só a estranheza do universo como sua invisibilidade em mais de 97%. Acredita-se hoje que sua matéria responde por apenas 4% de sua realidade, que se dividiria entre uma matéria negra e uma energia negra, esta detectada ou suposta por sua força de dilatação.

Enfim, os avanços do saber produzem uma nova e muito profunda ignorância, pois todos os progressos das ciências do universo desembocam no desconhecido: o desconhecido da origem se origem há, do fim se existe um fim, da substância da realidade. E isso também se aplica à origem da vida, à fabulosa criatividade das espécies vegetais e animais, ao incrível poder de organização espontânea dos ecossistemas e da biosfera; isso se aplica, enfim, às origens da humanidade, hoje entendidas num devir de milhões de anos de hominização, mas sem que se entenda como e por que surgiu o ser de cérebro grande que foi capaz de se tornar, entre outros, Michelangelo, Beethoven, Hegel...

Os avanços da biologia, a começar pela descoberta da evolução do mundo vivo, nos revelam o mistério da criatividade vegetal e animal, mas o medo do criacionismo gerou um achatamento explicativo pelos conceitos de mutação (ao acaso) e adaptação. Por outro lado, a palavra "criatividade" foi banalizada nos textos sobre arte e até incorporada pelo mundo dos negócios. Em certo sentido, é justo considerar que o espírito humano é criativo mesmo em terrenos secundários ou superficiais. Mas ao mesmo tempo a inflação por ele sofrida leva, como toda inflação, à desvalorização. Entretanto, eu preciso desse termo, sem o qual a evolução biológica e a história humana se devem trivialmente a determinismos e/ou acasos.

Insensivelmente chegamos a esta questão: quais são os verdadeiros limites de todo conhecimento, inclusive o conhecimento complexo?[5] Não se trata necessariamente do incognoscível. Grande parte do desconhecido atual é provisório e virá a se tornar conhecido. Mas o conhecimento, ao se desenvolver, em particular nas ciências físicas e biológicas, aborda e revela um desconhecido mais radical, mais profundo ainda. Nosso saber científico realizou progressos gigantescos, mas os progressos nos permitem nos acercar de uma região que desafia nossos conceitos, nossa inteligência, e suscitam o problema dos limites do conhecimento. Os maiores progressos dos conhecimentos científicos ampliam o desconhecimento ao mesmo tempo que ampliam o conhecimento. Além do mais, não resolvem as contradições, tornando-as insuperáveis. Se o nosso universo nasceu do vazio, como conceber que a matéria possa nascer do vazio? Se o vazio está sujeito a flutuações, o que é um vazio que não está vazio?

Se me refiro neste livro às concepções, teorias e hipóteses a que chegaram as ciências hoje, não é para considerá-las verdades imutáveis. Muitas descobertas vão desembocar em diversos questionamentos.

---

5. Niels Bohr assinala três tipos de limites ao conhecimento microfísico, que por sinal ele generalizou:
   1) impossibilidade de unificar o conhecimento, ligada ao
   2) surgimento de contradições insuperáveis, e
   3) inseparabilidade objeto/instrumento de medida, que podemos generalizar na inseparabilidade entre sujeito e objeto do conhecimento.

Mas o que importa é tudo aquilo que elas nos levam a abandonar definitivamente: o reino da ordem determinista, o reducionismo e a disjunção entre as disciplinas, a realidade como noção clara e distinta, e o que a mim também importa é tudo que elas nos levam a considerar, às vezes sem sabê-lo: a complexidade do universo, da vida, do humano.

É verdade que muitas coisas que ignoramos no universo físico, biológico e humano cedo ou tarde serão conhecidas e reconhecidas. Haverá progressos que nos obrigarão a modificar nossos conceitos atuais da vida e do universo. Descobriremos novas forças e comunicações, resolveremos muitos enigmas. Mas as aptidões do espírito humano têm limites.

O pensamento complexo reconhece as incertezas, mas não pode dizer o indizível, não pode ir além das aptidões do espírito humano. Entretanto, trazendo em seu princípio o inacabado (do humano, da consciência), o pensamento complexo introduz o mistério.

O desconhecido está no coração do conhecido. Em certos casos, o desconhecido é um enigma que, a exemplo do enigma de um romance policial, será resolvido pelo conhecimento. Não apenas o mistério escapa ao conhecimento como está no coração do conhecimento.

O desconhecido é enigma; o incognoscível é mistério. Onde e quando se chega ao mistério?

Como veremos, o incognoscível, ou o mistério, surge da origem e do fim do universo, da natureza da realidade, da origem da vida, da criatividade manifestados pelas evoluções biológicas, do aparecimento do *Homo sapiens/demens*. O mistério, ao mesmo tempo primeiro e último, se encontra no nosso cérebro/espírito: é o mais fabuloso dos mistérios, apesar de ser ele e por ser ele que produz nosso conhecimento.

Foram descobertos os limites da racionalidade: indução, dedução, lógica, assim como se descobriu que os postulados sobre os quais se baseiam as demonstrações científicas eram indemonstráveis. Da mesma forma, descobriu-se que os pressupostos de toda explicação eram inexplicáveis. A crise dos fundamentos do conhecimento científico e a crise do pensamento conduzem efetivamente ao mistério.

O mistério reveste todos os problemas profundos, fundamentais, essenciais colocados pelo espírito humano. Deveria este então desistir e se limitar aos fenômenos, como preconizava Kant?

É possível nos aproximarmos do mistério? É possível dialogar com o mistério?

Eis o sentido da minha presente aventura: patrulhar pelos confins do conhecimento para apreender e sentir a inseparabilidade conhecimento-ignorância-mistério.

2

A realidade

Tudo é real e não é real
Ao mesmo tempo real e não real
Nem real nem não real
Eis a lição do Senhor Buda.

NAGARJUNA (citado por FRÉDÉRIC NEF)

A mais bela ilusão é acreditar que
vivemos num mundo real e o inverso
também.

MAURICE CHAPELAN

O real é um desvio do possível.

PIERRE ANDRÉ TERZIAN

Nossa realidade é aquela de um mundo de três dimensões no qual existem objetos e atividades, e se desenrolam acontecimentos no tempo e no espaço. Ela é constituída de matéria, energia, informação.

Não obstante o indubitável sentimento da nossa realidade, vale dizer, da realidade do nosso ser pessoal, da realidade de nossos acontecimentos, da realidade da nossa natureza, da nossa terra, do nosso mundo, do tempo e do espaço, às vezes temos a sensação do pouco de realidade da nossa realidade.

A ideia é antiga e foi formulada em diferentes oportunidades.

Segundo o pensamento védico, nossa realidade seria *maya* (mundo das ilusões).

Segundo o pensamento budista, ela seria *samsara* (mundo das aparências).

No Ocidente, a ideia de Platão, de uma realidade da qual conhecemos apenas as sombras, foi retomada de várias maneiras. A ideia de que a vida é um sonho[6] volta constantemente na nossa cultura, em particular com a expressão de Shakespeare em *A tempestade*: "Somos feitos da matéria dos sonhos." Leopardi chegou inclusive a esta inversão lógica: "É uma coisa absurda e, no entanto, estritamente verdadeira que, sendo o real nada, a única coisa real e substancial no mundo são as ilusões" (Zibaldone).

De outra forma, sabemos desde Kant o que foi confirmado pelos conhecimentos científicos a respeito do cérebro humano, que nossa percepção do mundo exterior é coproduzida pelas forças organizadoras do cérebro.[7] O real seria a reificação de uma realidade que não é feita de coisas, mas que nós "coisificamos"?

A realidade seria semi-imaginária?

De qualquer maneira, só podemos apreender o real por meio das representações e interpretações.

---

6. Título de uma peça de teatro de Calderón.
7. Sabemos que não há qualquer diferença intrínseca entre percepção e alucinação e que, além do mais, toda percepção pode comportar uma parte alucinatória.

Karl H. Pribram sugeriu que nosso cérebro transforma em hologramas (ou imagens com relevo) uma realidade "feita exclusivamente de ondas de frequência".[8] Mas estas são uma tradução em linguagem científica de um nível de observação análogo ao da radiografia, que vê apenas os ossos e não a carne. As ondas de frequência também são algo além de ondas de frequência.

Donde a ideia de construção da representação da realidade pelo espírito (Jean-Louis Le Moigne).[9] A isso se soma a ideia de construção social da realidade, prospectada pelos sociólogos (Peter Berger, Thomas Luckmann, Klaus Krippendorff).

Assim, a realidade do mundo exterior é uma realidade humanizada: não a conhecemos diretamente, mas por meio do nosso espírito humano, traduzida/reconstruída não só pelas e nas nossas percepções, como também pela e na nossa linguagem, pelas e nas nossas teorias ou filosofias, pelas e nas nossas culturas e sociedades.

De minha parte, sou coconstrutivista, acreditando que construímos psíquica, social e historicamente uma tradução de uma realidade exterior a nós.

O que pode haver por trás das nossas reconstruções mentais e construções sociais? Uma "verdadeira" realidade "encoberta", e mesmo oculta (Bernard d'Espagnat)? Uma realidade em si que não estaria ao alcance do nosso conhecimento (Kant)? Mas existe uma realidade em si?

Por outro lado, nossa realidade humana é tecida com o imaginário: nossos sonhos acordados, fantasias, imaginações, devaneios, desejos, nossos romances, nossos filmes, nossas séries de televisão, nossos divertimentos são coconstrutivos da nossa realidade humana.

---

8. Karl Pribram: "A matéria que nos cerca não passa da imagem em relevo (holograma) de uma realidade feita exclusivamente de ondas de frequência", *Brain and Perception: Holonomy and Structure in Figural Processing*, Hillsdale, N. J., Lawrence Erlbaum Associates, 1991.
9. *Le constructivisme*, volume 1, *Des fondements*, ESF, volume 2, 1994; *Des épistémologies*, ESF, 1995.

Durante o sono, conferimos realidade aos nossos sonhos, e só de manhã a retiramos deles. No cinema, conferimos uma fortíssima realidade aos personagens e suas aventuras, e apenas uma pequenina chama no nosso espírito não esquece, durante a projeção, que somos espectadores numa poltrona.

Mais ainda, nossa realidade humana produz mitos, deuses, ideologias que dotamos de uma realidade superior à nossa e até, no caso dos deuses, de uma realidade suprema, apesar de produzida pelos nossos espíritos. A realidade dos nossos mitos, dos nossos deuses, das nossas ideias depende das comunidades de espíritos que a nutrem. Assim, deuses morrem, mitos se dissolvem, ideias passam: sua realidade, absoluta para o crente, desaparece com o crente, mas foi absoluta na fé. O que se aplica aos deuses se aplica às ideias, em especial as grandes ideologias dotadas de uma realidade superior que suscita uma fé ardente: o comunismo foi na verdade uma religião de salvação terrestre, que, como toda grande religião, gerou heróis, mártires e carrascos.

Nós consideramos irreal o imaginário dos outros, que para eles, no entanto, é bem real, sem nos dar conta de que nossa realidade comporta constitutivamente elementos imaginários.

Se podemos duvidar da realidade do mundo sensível, seria possível dizer que a cidadela absoluta da realidade está na certeza do eu, que se manifesta na afirmação absoluta do "Eu sou", isto é, não apenas "Eu sou um ser humano", mas também "Eu sou um eu", sujeito vivo se afirmando e se situando no centro de seu mundo? Todavia, acontece de a realidade do eu se enfraquecer na realidade superior do nós, que então se torna realidade, como nas nossas experiências comuns de fusão do eu no nós dos comícios inflamados, no nós das partidas de futebol, no nós dos dançarinos em frenesi, no nós do corpo a corpo do amor. Em cada um, ora o nós, ora o eu é sobrepujado. O eu é submerso nos ritos de possessão, nos quais a pessoa vem a ser habitada por um orixá; ela parece perder a consciência na sua própria exaltação, que a conduz ao êxtase, fusão e confusão entre si mesmo e o orixá.

A última e absoluta cidadela da *nossa* realidade está, para cada um de nós, no coração dos nossos sofrimentos, prazeres, alegrias, amores, medos, desejos. Nessa ótica, nossos sentimentos vividos, subjetivos, nos parecem mais reais que tudo. Para nós, humanos, a afetividade, que é a própria subjetividade, é o núcleo duro da nossa realidade.

A última e absoluta cidadela de uma realidade exterior a nós está naquilo que resiste aos nossos desejos, a nossas intenções, a nossos atos, eu diria também no que resiste aos nossos pensamentos.

Tudo é ilusão, nada é ilusão

Como compreender que, não obstante nosso sentimento de absoluta realidade, em particular em nossos sofrimentos e felicidades, a realidade do nosso mundo às vezes não nos pareça muito consistente?

Como se explica que nossa realidade nos pareça ora tão evidente e familiar, ora tão estranha e desconhecida? Como se explica que nossa realidade ora tenha pouca realidade, ora uma absoluta realidade? Qual é a absoluta realidade e o pouco de realidade da realidade? Qual é a ligação entre a absoluta realidade e o pouco de realidade da nossa realidade? Qual é a realidade da realidade?[10]

Nós temos o sentimento muito forte de *duas* "verdades" sucessivas: tudo é ilusão, nada é ilusão.

Vejamos nosso mundo físico; sua materialidade é real, pois a experimentamos permanentemente. Para nós o espaço é absolutamente real, pois constantemente nos movemos nele; o tempo é para nós absolutamente real, pois, se só o presente existe, o passado está presente na nossa lembrança, já que ressuscita imaginariamente na nossa memória e o futuro nasce a cada presente.

Os objetos físicos, palpáveis, são reais, os vegetais, as flores, as borboletas, os gatos, os cães, os hipopótamos. Tudo isso é perfeitamente

---

10. Paul Watzlawick, *La réalité de la réalité: confusion, désinformation, communication*, Seuil, 1978.

real. É bem verdade que tudo isso morre mais cedo ou mais tarde, tudo se transforma, tudo passa, "*Ta panta rhei*", dizia Heráclito. Tudo é impermanência, dizia o Desperto. É verdade que nossa realidade é frágil, destinada a evoluir e desaparecer, mas, justamente, nos parece tanto mais preciosa na medida em que é efêmera: nós sentimos que o mais precioso do real é o mais frágil — a beleza, a bondade, o amor.

Entretanto, os avanços da cosmofísica e da física quântica encolheram e mesmo dessubstanciaram nosso mundo físico. Einstein relativizou o tempo e o espaço, que, em escala cósmica, deixam de ser absolutos e se fundem.

Espaço e tempo desaparecem nas microescalas quânticas: a realidade do nosso universo material do tempo, do espaço, dos objetos do nosso mundo se dissolve a partir do momento em que o examinamos em seus componentes microfísicos. A mesa sólida e plena se transforma num grande vazio no qual átomos esparsos são constituídos de partículas. Depois, as partículas deixam de ser objetos localizáveis. A microfísica é diferente da nossa física, da qual, no entanto, a realidade depende. Nela o nosso tempo, o nosso espaço, os nossos objetos, a nossa lógica do terceiro excluído desaparecem: como demonstrou a experiência de Alain Aspect, as partículas que se separaram estão em influência instantânea, ao passo que na nossa realidade a comunicação não é possível além da velocidade da luz. Uma partícula pode estar ao mesmo tempo em dois lugares diferentes. Uma partícula ora é onda, ora corpúsculo e, como assinalava com razão Bohr, é uma contradição insuperável a complementariedade de duas verdades contrárias, isto é, ora a entidade descontínua, ora a entidade contínua. Apesar da contradição, há inseparabilidade entre o contínuo e o descontínuo. Ora, esse universo microfísico se dissolve por si mesmo a partir do momento em que se torna compacto para formar nosso universo físico.

Encontramos um paradoxo análogo no nível do gigantesco universo. O modelo "padrão" da cosmologia pressupõe um vazio originário, sem tempo nem espaço, mas repleto de energias virtuais, sujeito a flutuações, no qual teria se manifestado um acontecimento eruptivo do qual teriam nascido simultaneamente espaço-tempo, primeiras entidades materiais. O universo emerge fazendo emergir com ele o espaço-tempo, que, para nós, é dissociado em espaço e tempo. Depois, partículas se ligam formando átomos, os astros se formam e ardem e o nosso universo se constitui. São associações organizadoras entre partículas, átomos, moléculas, astros que realizaram a emergência da nossa realidade física.

Nossa realidade não é primeira, ela é emergente

De que maneira a realidade do nosso universo pôde emergir daquilo que, para ela, é desprovido de todos os critérios da realidade?

Aqui, a noção de emergência fornece um esclarecimento decisivo, embora ela seja inexplicável. A emergência é uma noção sistêmica surpreendente que as ciências começam a integrar. A emergência é o tipo de realidade nova, dotada de qualidades e propriedades próprias, que se forma, se constitui, se concretiza a partir da agregação organizadora de elementos não dotados das qualidades e propriedades dessa realidade.

Assim, a organização viva se constituiu e se constitui de forma constante a partir de moléculas físico-químicas que não dispõem isoladamente de nenhuma propriedade da vida. Entretanto, a complexidade organizadora do que é vivo lhe confere qualidades desconhecidas das moléculas: autorreparação, autorreprodução, aptidões cognitivas. A realidade da vida nasceu da complexidade de sua auto- -organização, que na verdade é autoeco-organização, a qual precisa do meio ambiente para se alimentar das energias necessárias ao seu trabalho ininterrupto (meio ambiente que é constantemente degradado por este trabalho).

Nossa realidade de seres individuais dotados de um corpo e de um espírito num mundo de objetos materiais — vegetais, animais, casas, máquinas, automóveis, supermercados — é emergente em sua própria realidade. Essa emergência tem continuidade permanente a partir de constituintes microfísicos desprovidos de localidade e nos quais nosso tempo e nosso espaço são inexistentes.

Dessa forma, o conceito de emergência pode nos ajudar a entender nosso duplo sentimento antagônico de absoluta realidade e de relativa ou fraca realidade da nossa realidade. A realidade do nosso mundo emergiu há quinze bilhões de anos de um processo auto-organizador. O universo material emerge constantemente a partir de elementos microfísicos, desprovidos de materialidade, mas cuja combinação faz emergir nossa materialidade.[11] A matéria não é realidade primeira, mas realidade emergida. O que se chama de *descoerência* é o fenômeno pelo qual a associação de grande número de elementos microfísicos, a partir de certo limite, faz emergir nosso universo espaço-temporal.

Nossa realidade espaço-temporal, física e biológica é, portanto, evidentemente, uma emergência de uma estranha realidade que apreendemos com nossas palavras, nossos instrumentos de detecção, de observação, de experimentação, e que escapa à nossa lógica.

Essa realidade microfísica tem muito pouca realidade em relação à nossa, mas depende dessa realidade sem realidade. A ciência microfísica nos dá apenas abordagens indiretas ou metafóricas de algo que é inconcebível e espantoso.

Tempo e espaço são emergências surgidas na e pela formação do universo. Eles são reais, tendo ao mesmo tempo uma realidade que depende de um desconhecido que não é tempo nem espaço ("vazio"?) e que é subjacente à nossa realidade. Além disso, nossa realidade é absoluta, seja nas nossas dores ou nos nossos amores (na nossa afetividade, como percebeu Stéphane Lupasco), pois a emergência do nosso mundo é uma realidade, embora muito dependente de um "inframundo" dotado de outra realidade na qual nosso tempo e nosso espaço não são emergidos.

---

11. Vale lembrar que, para a filosofia e a ciência materialista, assim como para o senso comum, a matéria parecia a primeira realidade fundamental.

Essa realidade emergente constitui, na verdade, uma reificação (pelo menos para os nossos sentidos e o nosso espírito): real, vindo do latim *res*, coisa. A noção de realidade é reificada em si mesma; nosso universo é uma coisa gigantesca constituída de coisas separadas umas das outras pelo tempo e o espaço. Nosso real é coisificação.

Entretanto, e aqui retomo uma ideia de Niels Bohr, por mim desenvolvida em outro contexto, paradoxos-chave da microfísica são encontrados de certa maneira na nossa realidade física, biológica e humana. Assim, a inseparabilidade do que se separou é encontrada de maneira particular no nosso mundo e na nossa escala; não é apenas o corpúsculo separado da microfísica que é inseparável da onda "inseparada", é o indivíduo separado da espécie e da sociedade que é ao mesmo tempo inseparável da espécie e da sociedade. Nós somos humanos separados dos nossos ascendentes biológicos, mas deles somos inseparáveis; estamos separados do mundo animal, mas somos inseparáveis do processo que partiu do monocelular até chegar a nós, como somos inseparáveis da história física do cosmo do qual saiu a vida.

O mais incrível é que a concepção astrofísica do nosso cosmo não só pressupõe um caos subjacente como supostamente derivou daquilo que menos parece ter realidade: o vazio. Acontece que esse vazio seria constituído de energias virtuais, infinitas, que, ao se atualizarem (depois de um acontecimento ou acidente estranho), teriam produzido essa deflagração térmica metaforicamente chamada de Big Bang. Assim, o que parece menos real, o vazio, teria sido a origem da nossa realidade.

Não existe, portanto, uma realidade em si. Mas há uma auto-organização do universo que produz sua realidade.

Como afirma Basarab Nicolescu, existem níveis de realidade, totalmente heterogêneos uns em relação aos outros, mas igualmente inseparáveis e interdependentes. Por outro lado, haveria um permanente nível invisível de pré-realidade, infrarrealidade ou suprarrealidade copresente ao nosso universo, que, para o budismo, sob o nome de vacuidade, é a realidade suprema, ou *nirvana*, e, para nós, aquilo que escapa à realidade, mas funda as realidades. Um pensador tao-budista como Yizhi Fang especulava que *samsara* (nosso mundo) e *nirvana* não eram dois mundos separados, mas duas polaridades do mesmo. Nagarjuna chegava a afirmar: "Enquanto estabelecer uma diferença entre o *samsara* e o *nirvana*, você estará no *samsara*", como para indicar que *nirvana* está dentro de *samsara*, assim como *samsara* está dentro de *nirvana*.

Se o conjunto das realidades forma o real, então o real é multidimensional (Pierre-André Terzian). Eu diria de outra maneira: é necessário hipercomplexificar a ideia de realidade.

A realidade hipercomplexa

O contínuo e o descontínuo, o separado e o inseparado são ao mesmo tempo inseparáveis. Ilogicamente, o real e o irreal estão um no outro. A matéria do nosso real comporta camadas, buracos, emergências que são sublógicas, supralógicas, alógicas, extralógicas, sabe-se lá o quê...

A emergência é logicamente indedutível: só podemos constatá-la. Não é uma explicação, é um mistério próprio à realidade física.

O caos não é apenas anterior ao cosmo, ele é interior ao cosmo. Este não é apenas ordem: é dialógica permanente, retroativa e recursiva entre ordem, desordem e organização. Nele, o acaso, esse desconhecido, está onipresente.

Mesmo na nossa percepção do universo humano, a realidade só obedece à lógica clássica se a recortarmos em pedaços separados.

A questão importante continua sendo: estaríamos ligados, exilados, separados das realidades indizíveis? Participamos delas sem sabê-lo? Por fulgurâncias? Que relação nosso espírito poderia ter com uma realidade incognoscível e inefável? As transmissões de pensamento verificadas, as premonições e as vidências proféticas verificadas são como buracos no tempo (premonições, vidências) ou no espaço (telepatia) que indicariam que nossos cérebros teriam a capacidade de participar tangencialmente ou por lampejos dessa realidade inseparada, sem tempo nem espaço.

Estamos entre dois infinitos, dizia Pascal. O conhecimento humano se efetua numa faixa intermediária entre esses infinitos, zona de penumbra entrecortada de centelhas de luz. É permanecendo nessa faixa que adivinhamos, como numa narrativa em abismo, que o real excede o pensável, nele se fragmenta e se dissolve. Fora dessa faixa intermediária, não podemos estabelecer nossas distinções, nossa lógica, nossas separações, e essa extrarrealidade assume as feições do caos antes de mergulhar no vazio, que comporta uma plenitude de virtualidades.

A realidade é, de fato, hipercomplexa: ela comporta pluralidade, e mesmo heterogeneidade, reificação, imaginário, incertezas, desconhecido e, por fim, mistério.

O mistério está no real, talvez nos dois sentidos da palavra mistério: 1º incognoscível, 2º cerimônia profana/sagrada em que nossas vidas atuam e estão em jogo.

Entretanto, no seio de uma realidade entretecida de irrealidade, ao mesmo tempo absoluta e ilusória, sofrer, gozar, nascer, viver e morrer, essas realidades tão fugitivas e efêmeras, são nossa *verdadeira* realidade humana.

3

Nosso universo

> *Não contestar ao mundo seu caráter*
> *inquietante e enigmático.*
>
> FRIEDRICH NIETZSCHE

> *É criação aquilo que é radicalmente*
> *novo, ou seja, que não é derivável*
> *daquilo de que procede, que não é exaustivamente*
> *determinado pelo que antecede.*
>
> CORNELIUS CASTORIADIS

Acaso seríamos como a rã no fundo do poço, que não pode conhecer o mar alto? Não: temos telescópios, máquinas espaciais que navegam no cosmo, aceleradores que descobrem partículas; conhecemos a expansão das galáxias, os buracos negros, a energia negra, a matéria negra, mas tudo isso revela a nossos espíritos a fabulosa imensidão, o espantoso prodígio do universo, e nos leva, senão ao mistério, pelo menos ao enigma.

Desde Hubble, nenhuma ciência avançou tanto quanto a astronomia, transformada em cosmologia.

Nenhuma deu lugar a tantos pensamentos e reflexões ricos e profundos, particularmente da parte de Michel Cassé, Hubert Reeves, Trinh Xuan Thuan, Jean-Pierre Luminet; nenhuma gerou tanta compreensão e uma incompreensão tão profunda quanto à origem, à natureza, ao devir, ao destino do universo.

Estamos descobrindo a estranheza absoluta desse universo do qual saíram nossos espíritos e do qual somos minúsculos filhos.

Criação

Comecemos pelo início. Se é que houve um início.

Segundo a concepção atualmente aceita, foi uma deflagração térmica espantosa, provocando uma turbulência energética, que deu origem ao nosso universo. Não se sabe o que causou esse acontecimento gerador. O que vem antes do acontecimento seria um vazio, mas esse vazio não seria vazio, estaria sujeito a flutuações quânticas, conteria partículas virtuais e, sobretudo, disporia de energias virtuais quase infinitas, que se teriam atualizado no desencadeamento "big-banguesco".

Recorremos a palavras para tapar os buracos do indizível: vazio, potencialidades, Big Bang, singularidade.

O Tao diz melhor: "O sem-nome está na origem do céu e da terra." O eventual vazio não vazio escapa a toda concepção racional. Essa ideia de vazio que não é vazio trai uma impotência real para encontrar na língua um termo que defina esse estado contraditório. Trai também o temor do incompreensível que tratamos de mascarar, conferindo-lhe um nome infelizmente vazio.

Assim, nosso universo não teria nascido do nada, do "vazio" *ex nihilo*, nem sequer de um vazio que realmente fosse totalmente vazio, mas de um vazio portador de infinitas energias potenciais. Se infinitas energias são apenas potenciais no vazio originário, significa também que tudo nele é indistinto, nada é separado. Em outras palavras, não existe espaço nem tempo, que são os separadores que permitem a existência de um universo com uma pluralidade de objetos e entidade separados, assim como sua evolução.

Mas esse início então seria uma metamorfose, como a da libélula que é o extraordinário produto aéreo de uma larva rastejante?

O que nos remete ao problema lancinante: esse vazio seria eterno, logo incriado, ou teria tido um início próprio? E quem nos diz que esse início não coincidiria com o fim de um ciclo, segundo a hipótese de Roger Penrose? De forma aproximada, Étienne Klein supõe que a extrema concentração de um universo anterior teria provocado o nascimento de um universo que então se dilataria. As duas hipóteses nos remetem ao problema logicamente insolúvel: esse ciclo tem um início? A partir do quê? Se era eterno, em virtude de quê? Chegamos a uma aporia lógica, a um limite da nossa razão, claramente percebido por Kant, quando nos defrontamos com o caráter inconcebível de um início a partir de nada, de uma eternidade sem início. Nascer ou não nascer, eis a questão!

Hegel mostrou que ser e nada eram sinônimos, pois nenhum dos dois é limitado por qualquer determinação. O ser puro é o indeterminado, assim como o puro nada, um na plenitude absoluta, o outro, na vacuidade absoluta. Ao passo que nosso vazio original seria sinônimo de uma plenitude de potencialidades, que, uma vez liberadas, se tornariam criadoras de um universo. Ou talvez de uma pluralidade ininterrupta de universos, como bolhas de champanhe, na expressão de Michel Cassé.

A estranheza não estaria apenas nesse vazio não vazio do qual saiu nosso universo, mas também nesse próprio nascimento. Seria ele um peido do vazio? Um ectoplasma secretado pelo sem-nome? Um jogo? Estranho jogo.

Terá sido por acidente ou necessidade que do vazio[12] brotou luz, depois matéria, e se organizou um universo?

---

12. "De resto", observa Michel Cassé, "nosso universo é quase vazio, se não nos deixarmos obnubilar pelos bilhões de astros e considerarmos o vazio imenso entre galáxias e astros. Ele é quase vazio se considerarmos que os objetos aparentemente densos e sólidos do nosso universo cotidiano, na verdade, são antes de mais nada vazio salpicado de átomos aqui e ali."

Uma hipótese lançada por Frédéric Nef[13] estabeleceria o nascimento do nosso universo na colisão de dois universos branas, o que nos remete ao mistério da origem desses universos branas e do seu entrechoque.

Outra hipótese: Ilya Prigogine via na origem não uma singularidade, mas uma instabilidade. Não um vazio, mas um anteuniverso comportando um tempo primordial, não uma deflagração térmica, mas um jorro entrópico; não um início, mas uma mudança de fase. Essa hipótese também comporta enormes dificuldades para conceber tanto o anteinício quanto o início propriamente dito.

Étienne Klein, por sua vez, expressa sobretudo sua incerteza a respeito da origem: "Não temos uma prova científica de que o universo foi antecedido por alguma coisa, como tampouco temos a prova científica de que o universo não teve origem... A pergunta: acaso houve uma origem?... Não sabemos!"[14]

Em todas essas hipóteses, o nascimento pode ser convertido em metamorfose, sabendo-se que a metamorfose sempre dá origem a uma nova realidade.

Para os gregos, Caos era pai de Cosmo. O caos não é a desordem (visão redutora), mas, sim, o que traz em si, de maneira indistinta, as potencialidades de ordem, desordem, organização. A passagem do caos ao cosmo é a atualização dessas potencialidades, que então se tornam forças ao mesmo tempo complementares e antagônicas. Podemos considerar que a noção de caos, tal como acabo de indicá-la, recobre em parte o vazio pré-original, pois este traz em si indistintamente, em estado potencial, as energias que surgirão de maneira eruptiva para criar o universo.

Além disso, podemos dizer que nosso universo preserva algo do caos em sua dialógica ordem/desordem/organização, termos ao

---

13. Frédéric Nef, *La Force du vide*, Seuil, 2011.
14. Cf. Étienne Klein *in La recherche*, edição especial "Le temps", p. 52.

mesmo tempo complementares e antagônicos na inseparabilidade da ordem e da desordem, nos processos imprevisíveis, ditos caóticos, cada vez mais detectados naquilo que parecia obedecer a uma ordem impecável (assim como em milhões de anos a velocidade de rotação da Terra em torno do sol se modifica), nas incertezas do devir, nos desastres (choques de astros, morte violenta de estrelas maciças, buracos negros). E, na terra, nas percussões de asteroides, nas erupções vulcânicas, nas extinções maciças de espécies vivas no fim do primário.

Castoriadis pressentiu a ligação entre o que é chamado de vazio e o caos, pois usa com frequência a expressão "Caos/Abismo/Sem-Fundo". E para ele o Caos/Abismo/Sem-Fundo não é uma dimensão distinta do cosmo, mas antes o "avesso" de toda coisa, o "avesso de todo lugar [...], aquilo que está por trás e por baixo de todo existente concreto, e ao mesmo tempo potência criadora — *vis formandi*, poderíamos dizer, em latim —, o que faz surgirem formas, seres organizados".

É interessante nos reportarmos ao livro do Gênese. *"Bereshit bara Elohim"*: "No início Elohim separou"...

Bereshit é um "no início", que começa com a segunda letra do alfabeto hebraico, sinônimo do número 2. O início opera e constitui em si mesmo uma dualidade, ou seja, uma separação: separação entre a terra e o céu, diz a Bíblia; na verdade, separação das coisas do universo pelo tempo e o espaço. Enfim, *Elohim* é um singular plural, pluralidade de espíritos ou deuses em Um, ou, em termos físicos, turbilhão emergindo de uma pluralidade de forças ligadas. (Vale notar que o turbilhão é uma forma genésica no universo, na formação de nebulosas espirais, e, talvez, na origem da vida, organização emergindo de um turbilhão de moléculas associadas.)

Cá estamos de novo, de maneira metafórica, diante de um acontecimento criado/criador de um universo se separando do seu vazio originário (ao mesmo tempo se mantendo inseparável dele) e trazendo em si a separação por e no espaço e no tempo. Segundo a Gnose, a Cabala, Orígenes, o mundo teria saído de uma queda ou desintegração da perfeição divina, e o mal estaria nas coisas separadas. Se *diabolos* é o que separa, o ato de criação de um mundo é um ato diabólico que desune. Mas esse ato diabólico é temperado por uma força de união que lhe é divinamente complementar, pois, como já começamos a ver, tudo que é separado é de certa forma inseparável e tudo que é inseparável é de certa forma separado.

A singularidade do acontecimento genésico está em constituir uma fulgurância inconcebível (*fiat lux*, "Faça-se a luz!") evocando o "fogo" criador heraclitiano. O universo não tem criador, ele se autocria a partir de uma deflagração inicial. Essa criação é metamorfose de um estado de indistinção em estado organizador. Podemos escapar a todo criacionismo que prejulgue um Criador de natureza divina, anterior e superior a nosso universo, e que o teria criado de fora.

A hipótese da autocriação (que a teologia reserva ao Deus criador) pode ser, em virtude da navalha de Occam (princípio de simplicidade), diretamente aplicada ao nosso próprio universo: este se autocriou gerando simultaneamente partículas, ondas, tempo e espaço, e se auto- -organizou criando uma dialógica ao mesmo tempo contraditória e cooperativa: ordem/desordem/interação/organização.

Nós podemos escapar ao grande desígnio. De onde ele viria? Quem o teria formado? Podemos escapar ao grande algoritmo, projeção tecnocrática do pensamento matemático nas origens. Podemos escapar à intenção primordial reconhecendo, ao mesmo tempo, que há no universo, desde seu nascimento, um "querer-viver", *Wille zum Leben*, segundo Schopenhauer.

Os princípios de ordem (talvez haja alguns desconhecidos) são as quatro "leis": gravitação, eletromagnetismo, interações nucleares fortes, interações nucleares fracas. A desordem está onipresente na agitação calorífica — segundo princípio da termodinâmica —, os acontecimentos e encontros são aleatórios, ou seja, devidos ao acaso.

O acaso é filho do caos que ficou no cosmo. Está presente em toda parte, mas o universo não é apenas uma questão de acaso. O acaso talvez não seja o acaso. Gregory Chaitin o define pela incompressibilidade algorítmica, abrangendo o não algoritmável, mas não é possível saber se o acaso, "causa de todas as surpresas" (Valéry), tem a ver com o acaso.

É digno de nota que nosso universo só poderia ter-se concretizado a partir do "ajuste" muito preciso de quinze constantes (a 1/106-0).

Esse aparente ajuste serve de argumento aos partidários de um desígnio inteligente, que teria permitido a vida e, no fim das contas, a vinda do *Homo sapiens*, que, por coincidência, teria um belo futuro pela frente, pois surgiu na juventude de um sol que ainda tem quatro a cinco bilhões de anos de expectativa de vida.

Certos astrofísicos, a exemplo de Michel Cassé, consideram que uma infinidade de universos brota constantemente do vazio, mas que, por falta de um ajuste organizacional, explodem como bolhas de sabão. Assim, nosso universo tão bem ajustado seria fruto de um acaso extraordinário.

A grande emergência

"Um universo apenas unificado seria estático", dizia Prigogine, justamente. A lei do universo não é uma: é a lei dialógica, baseada na complementariedade dos antagonismos, que não suprime em absoluto os antagonismos. A lei dialógica também nos diz que tudo que está separado está ligado.

Todas as investigações de lei suprema do Todo pretendem controlar o fundamento de um mundo que não tem fundamento, pois ele emerge de uma organização ela própria emergente de um jorro energético primordial, por sua vez operador de uma metamorfose.

A força criadora do universo físico se manifesta por bilhões de ocorrências na colisão e conjunção entre um impulso gravitacional que aglomera as poeiras cósmicas para transformá-las em astros e a ignição explosiva que surge da concentração de matéria estelar. Então, durante bilhões de anos, a estrela se autocria e se auto-organiza continuamente entre implosão e explosão. A força criadora se desencadeia no nascimento ininterrupto de bilhões de estrelas, na profusão de galáxias e, pelo menos num pequeno planeta, no nascimento e desdobramento luxuriante da vida.

Mas criação é inseparável de destruição; a criação de partículas e núcleos atômicos coincide com os choques entre partículas de matéria e antimatéria que aniquilam a antimatéria. Paralelamente ao princípio de criação/organização, desdobra-se universalmente o princípio de desintegração, dispersão e morte, parcialmente revelado pelo segundo princípio da termodinâmica, que estabelece a degradação irreversível das energias no tempo.

Donde esse paradoxo que examinei em outro contexto:[15] é ao se desintegrar que o universo se organiza. Blanqui (1872) expressou uma face dessa verdade: "O universo é uma catástrofe permanente." O extraordinário movimento de criação de organizações teria ocorrido para impedir o desastre da deflagração inicial?

O universo traz em si uma tragédia insondável, que vem a ser encontrada nos nossos destinos humanos. Todas as filosofias de um mundo harmonioso veem nele apenas um aspecto e ignoram sua tragédia. Acontece que o universo vive de maneira heraclitiana entre discórdia e concórdia, harmonia e desarmonia. As galáxias colidem, as estrelas explodem, os cataclismos ameaçam o conjunto do mundo vivo no fim do permiano. A história humana não é apenas a história do nascimento e do desabrochar das civilizações, mas também de sua morte. O universo é extraordinária potência de criação e extraordinária potência de destruição... A dialógica ordem/desordem/organização traz em si vida e morte ao mesmo tempo.

Repetição, reiteração, recomeço são necessários à existência das estrelas, dos seres vivos, dos humanos, das sociedades. Mas não menos necessários são o nascimento, a inovação, a criação. E inevitáveis

---

15. *O Método*, 1, p. 33-93, Editora Sulina.

a desintegração, a degenerescência, a morte. O universo está sempre nascendo e sempre morrendo. O caminho volta a seu contrário (Tao).

Um mundo perfeito seria impossível. Seria ordem pura, incapaz de evoluir. A perfeição não é deste mundo nem de nenhum outro. O mundo precisa de imperfeição, isto é, de desordem, logo, de ser impregnado pela morte. A imperfeição é necessária ao mundo. O melhor dos mundos possíveis parece ser também o pior dos mundos possíveis... teríamos como saber se eles coincidem um com o outro?

O universo está sujeito a um grande e terrível destino, mas não obedece a um grande desígnio de tipo teilhardiano, que seria a complexificação. A complexificação da matéria na vida é hipermarginal, limitada provavelmente ao nosso pequeno planeta e, na melhor das hipóteses, a alguns planetas entre bilhões de outros. A complexificação do humano na vida é ela própria hipermarginal numa evolução que prolifera em todas as direções. É difícil entendê-la como finalidade principal do universo. Se desígnio existe, é misterioso, incognoscível. Ele supera toda razão, é absurdo. Nada impede de acreditar nele em virtude do *credo quia absurdum*.

Nós somos projetados diante do mistério de um universo que é emergência, ideia que compartilho com Marc Halévy.[16] O universo todo se construiu e continua construído sobre o princípio de emergência.

O universo emergiu assim que começou a se organizar: espaço e tempo são emergências da sua organização, e não constituintes primordiais. Todas as qualidades e propriedades dessa organização (gravitação, eletromagnetismo, interações nucleares fortes e fracas) são emergentes. Nossa realidade é emergente. O tempo só existe nessa emergência e por ela, e o espaço só existe nessa emergência e por ela.[17]

---

16. Marc Halévy, *Un univers complexe. L'autre regard sur le monde*, Oxus, 2011, p. 37 *sqq.*, e também p. 105 *sqq.*

17. Talvez até o "espaço-tempo que liga as massas dispostas no cosmo seja fictício. Trata-se, como pensava Leibniz, indo de encontro a Newton, de uma extensão relacional mas não física" (Bernard Dugué, http://bdugue.typepad.com/).

As qualidades próprias de nosso universo são emergências desprovidas de qualquer existência fora dele, inclusive em seus fundamentos microfísicos, nos quais espaço, tempo e objetos separados se dissolvem. O tempo e o espaço existem e não existem.

"Foi possível demonstrar que as leis de Newton, que são as colunas do templo físico, são emergentes se considerarmos por exemplo, com Robert B. Laughin, que 'essas leis não são fundamentais, mas resultado da agregação de uma matéria quântica em sólidos e fluidos — fenômeno organizacional coletivo' [...] Sabemos, a propósito do campo de Higgs, que é possível fazer ou ver emergir do vazio um campo dotado de propriedades físicas."[18]

A física reduz o universo a objetos constitutivos diversos, das partículas aos astros, e a "forças" como a gravitação, o eletromagnetismo.

A física fez o levantamento das leis da ordem. Descobriu o princípio da desordem na agitação calorífica e sua lei inelutavelmente mortal no segundo princípio da termodinâmica. Descobriu a energia negra que conduz o universo à dispersão. Mas não reconheceu o princípio de organização. Ora, toda organização é criadora de qualidades ou realidades novas por emergência. O desenvolvimento, não raro complexificante, das organizações produz (cria), a cada nova organização, novas qualidades emergentes.

Da mesma forma, a física não traduziu em seus termos o conflito cósmico gigantesco entre destruição/organização, morte/vida, que começou já no nascimento do universo e prossegue através de nós no conflito e na complementaridade entre bem e mal: é Eros (forças de ligação, de associação, de união) e Tânatos (forças de dissociação, conflito, destruição). Eles se combatem sem trégua, mas não podem se separar nem sobreviver um sem o outro. O que acontece no cosmo prossegue de outra maneira na humanidade.

Podemos ter a impressão de que o universo combate (se debate?) desde seu início pela própria vida contra a própria morte. "Tudo que

---

18. Frédéric Nef, *op. cit.*, p. 175 *sqq.*

nasceu merece morrer", dizia Nietzsche. Se nasceu, está fadado à morte; por um lado, a desorganização acabará dissolvendo as organizações, por outro, a energia negra que dispersa parece levar a melhor sobre a gravitação que reúne.

Nosso universo chegará ao fim e não podemos saber se será o fim de tudo ou seu próprio fim, para permitir o nascimento de outro universo. A não ser que seja para garantir a volta ao vazio nirvânico inicial.

Mas desde Hubble, como vimos, os imensos avanços das descobertas sobre nosso universo trouxeram conhecimentos extraordinários.

Como não ficar espantado e maravilhado com esse fogo que constitui bilhões de astros e os faz viver bilhões de anos? Na vida das estrelas, o fogo que consome é ao mesmo tempo o coorganizador.[19] Há nas estrelas ao mesmo tempo loucura de fogo e organização feita com esse fogo. "Tudo se converte em fogo e o fogo se transforma em tudo" (Heráclito).

Podemos entender, é verdade, que uma dialógica entre forças compressivas gravitacionais e forças explosivas desencadeadas desde a ignição mantenha uma regulação que sustente a vida do astro. Mas uma regulação de fogo é algo estarrecedor. Durante bilhões de anos, um fogo vermelho estruge, expele, bafora em suas protuberâncias infinitas, como se quisesse tudo devorar e destruir, mas é constantemente domado. Entretanto, como na vida, ocorrem mortes violentas de estrelas.

Como não ficar bestificado com os buracos negros? "Eles nos ensinam que o espaço pode ser amarrotado, como um pedaço de papel num ponto infinitesimal, que o tempo pode ser apagado como a chama de uma vela que sopramos e que as leis da física não são sagradas nem imutáveis", segundo o grande John Wheeler.

---

19. Há em nós, atenuado, algo das estrelas, e a paixão nos faz reviver o seu fogo: "Nossas paixões refletem as estrelas" (Victor Hugo). Há em nós combustão, como nas estrelas, mas no nosso corpo a combustão é mais lenta; há em nós, como nas estrelas, o casamento da folia incendiária com a razão organizadora.

Setenta mil bilhões de bilhões de estrelas visíveis foram identificadas, e até mesmo estrelas invisíveis, além de 200 bilhões de galáxias.

Nosso sistema solar flutua numa bolha de gás rarefeito, muito quente, um milhão de graus, com um comprimento de mil anos-luz. Que significam esses números imensos, mas também os números não menos "astronômicos" do universo microfísico? E nosso corpo, que comporta bilhões de células? Esses dados não nos ocultariam uma continuidade gigantesca?

É bem verdade que, sob certo aspecto, o universo se decompõe em migalhas infinitas e, sob outro, talvez revele um colossal organismo. Assim como em nosso organismo morrem miríades de células, sendo substituídas por outras, e nossas moléculas se decompõem para serem substituídas por outras, assim também no universo os buracos negros, mortes de estrelas, são manifestações de uma vida cósmica.

Existe uma inteligência que teria se desvinculado do caos? Haveria na organização cósmica algo com um caráter cognitivo?

Não precisamos buscar vida nos planetas, mas buscar as estranhas inteligências que seriam possíveis no universo.

Os buracos negros da física

Nem só as incógnitas e os mistérios contribuíram paradoxalmente para os progressos no conhecimento físico. Também os problemas que se tornaram insolúveis geraram esses progressos. É o caso da necessidade, mas também da impossibilidade de ligar a relatividade einsteiniana à física quântica, cada uma delas revelando apenas um aspecto do universo e ao mesmo tempo ocultando o outro. Há as dificuldades lógicas e matemáticas enfrentadas pela concepção cosmológica padrão, cada vez mais questionada, sem que, no entanto, possa ainda ser substituída. Há, por isso mesmo, a aspiração a uma "nova física" que revolucione a atual como a relatividade einsteiniana e a física quântica revolucionaram a antiga.

Enquanto se espera o nascimento da nova física, o tempo se tornou essencial no universo a partir da termodinâmica e depois da astrofísica de Hubble; o tempo se tornou essencial, desde Lamarck e Darwin, para entender o nascimento e as evoluções proliferantes da vida; para entender a hominização, o surgimento do *Homo sapiens* e todo o destino humano.

Ora, é bom termos em mente que o eixo essencial do nosso universo, o tempo, é e continuará sendo incompreensível. Por isso a física o ignorou solenemente até Sadi Carnot (1824), depois mantendo-o isolado nos "sistemas fechados" para impedi-lo de invadir o universo. Essa invasão aconteceu com Edwin Hubble, em 1929. Desde então, tudo que se conhece do que nasce, vive e morre repousa no ininteligível e no insondável.

Dito isso, é certo que o universo dispõe de uma prodigiosa criatividade sistêmica que, reunindo e organizando diversos elementos, cria um todo dotado de novas qualidades emergentes. É o que se dá com as moléculas, criadoras de qualidades desconhecidas, e os átomos que elas associam. É o que se dá com os astros, criadores não só do próprio fogo e de um sistema de satélites planetários como também de átomos novos no seu seio, como o átomo de carbono por associação instantânea de três núcleos de hélio, e criadores dos materiais necessários à associação organizadora denominada vida no terceiro planeta de um jovem sol suburbano.

O mundo humano é à imagem do universo, com suas organizações, sua ordem, suas desordens, seus religamentos, suas rupturas, suas atrações, suas fúrias, suas explosões, seus nascimentos e mortes de civilizações, seus buracos negros, suas criações, seu devir incerto.

A astrologia traduz nosso sentimento (obscuro?, inato?) de estar pessoalmente ligados aos planetas... de qualquer maneira, somos filhos do cosmo. Cada um de nós traz em si partículas nascidas nos primórdios do universo, átomos forjados no coração ardente de estrelas anteriores ao nosso sol, de moléculas formadas na terra ou aterrissadas de meteoritos, de antepassado(s) monocelular(es), de eucariotos pluricelulares e, além do mais, de animais, peixes, anfíbios, mamíferos, primatas... Carregamos a história do cosmo e a história da vida, mas delas estamos separados pela originalidade de nossa cultura, de nossa linguagem, de nossa consciência. O universo está em nós, nós estamos nele.

Em que aventura ele se lançou? Em que aventura nos lançou?

4

A *vida, revolução na evolução*

Todos os seres vivos sabem que são mortais,
e a prova disso é que lutam e sabem lutar
contra a morte, mas não a têm
presente na consciência.

A vida foi engendrada pelo universo físico num planeta ínfimo.

A vida está ao mesmo tempo em descontinuidade e em continuidade com o mundo físico-químico.

Ela é continuidade por sua constituição, feita de associações moleculares. Ela está em continuidade com o processo terrestre de complexificação físico-química. Está em continuidade pelo seu nascimento, decorrente de um conjunto de condições e acontecimentos físico-químicos, entre as quais provavelmente condições termodinâmicas especiais (turbilhões) que produziram um tipo de organização que, apesar de integralmente intermacromolecular, é muito mais ampla e complexa que as organizações macromoleculares. Essa organização está em continuidade com todas as organizações físico-químicas que produzem qualidades novas ou emergentes. Está em continuidade na dialógica própria do universo físico, ordem/desordem/organização, que vai se desdobrar nos ecossistemas e na biosfera. Está em continuidade na dialógica das associações e dissociações que vão criar simbioses, parasitismos, sociedades e dispersões, convergências, conflitos. Está em continuidade com a dialógica criação/destruição já em ação no universo.

Mas a vida também está em descontinuidade, o que é uma novidade prodigiosa no seu tipo de organização, a auto-organização que produz sua autonomia.

Ela está em descontinuidade na dependência ao seu meio ambiente, do qual deve extrair alimento e informação. Está em descontinuidade pela natureza das qualidades emergentes produzidas pela auto-organização, que são a autonomia e, no seio da autonomia, a captação de energias externas para se alimentar, a autorreparação, a autorreprodução. Está em descontinuidade pela aptidão cognitiva, a emergência da inteligência e da sensibilidade. A descontinuidade organizacional é radical: a auto-organização viva constitui no DNA um engrama genético que se ativa em programa, o qual se aplica às proteínas; esse duplo sistema combinando DNA duradouro e reprodutor às proteínas frágeis e provisórias é uma criação organizadora (emergência) da qual vai nascer a criatividade proliferante de formas e órgãos da vida em descontinuidade com a criatividade físico-química, que é sistêmica.

A vida está em descontinuidade porque dispõe de uma finalidade que anima um formidável querer-viver, ao mesmo tempo no indivíduo e na espécie, fazendo com que lutem permanentemente contra a morte e inventando a reprodução. Está em descontinuidade em sua relação íntima e particular com a morte, que é ao mesmo tempo existência, combate e integração.

Se a vida integra a criatividade física que se manifesta essencialmente pelas emergências derivadas das organizações, está em descontinuidade ao contribuir com a criatividade biológica que se manifesta pela reprodução e pela inovação. A descontinuidade se manifesta no e pelo aparecimento de miríades de espécies diversas, vegetais e animais, numa múltipla criatividade de organismos e órgãos.

Que duplo salto de complexidade no surgimento do biológico! Ao mesmo tempo uma auto-organização que produz continuamente vida e uma autorreprodução que a multiplica!

Como veremos adiante, a vida constitui sua mais radical descontinuidade nesse duplo salto de complexidade: o salto da autoeco--organização, da autorreprodução por cissiparidade, inicialmente, e depois por germinação e/ou sexualidade.

A vida é um fenômeno extraordinário no universo físico-químico, tanto mais extraordinário na medida em que dele brotou deixando de se parecer com ele. Tudo é espantoso nela, organização, reprodução, qualidades emergentes. E, no entanto, tudo é trivializado: com seu olhar analítico, o biólogo vê apenas moléculas. As palavras programa, informação, acaso, moléculas ocultam a complexidade da organização viva e banalizam a vida, reduzindo-a a termos informáticos e químicos com certeza úteis, mas redutores. Só o espírito poético, que às vezes se manifesta em cada um de nós, se espanta, se maravilha, se aflige por viver.

A auto-organização, noção capital surgida e desenvolvida em meados do século XX entre os pensadores da "máquina viva", como Heinz von Foerster e Henri Atlan, foi ignorada pelos biólogos que deveriam tê-la utilizado e desenvolvido. Alguns, satisfeitos com sua ciência redutora, enxergando apenas constituintes moleculares, chegaram inclusive a afirmar que a vida não existe.[20]

Viver é uma evidência, embora o mistério esteja nessa evidência. Nós mesmos, quase sempre, vivemos a evidência do viver sem nos questionar. O que é viver? Por que vivemos? Mas basta que a questão seja formulada para a evidência se transformar em enigma ou mistério.

---

20. Ao passo que a vida é o conjunto de qualidades que emergem da auto-organização núcleo-proteica.

A resposta da vida à morte: a re-generação e a regeneração

Apesar de inteiramente físico-químico em seus constituintes, o biológico é original e específico em sua organização e suas qualidades. Nascida de encontros/associações físico-químicos, a vida os organiza e controla, ao mesmo tempo dependendo deles. O biológico obedece ao físico para fazê-lo obedecer ao biológico.

Seu nascimento parece ter sido dependente de inúmeros acasos e coincidências que permitiram a associação/combinação de inúmeras macromoléculas, assim como de circunstâncias excepcionais de nascimento: turbilhões, tempestades. Francis Crick formulou inclusive a hipótese de que certas moléculas teriam chegado por meteoritos; uma nova hipótese supõe que a colisão cataclísmica com um bólido celeste acarretou entre outras coisas a formação de um campo magnético protetor da atmosfera e propício à vida. Jacques Monod pensava num nascimento único na terra, tendo em vista que todos os seres vivos têm o mesmo código genético e a mesma organização núcleo-proteica. A vida, portanto, seria solitária num pequeno planeta, no gigantesco cosmo.

Alguns, baseando-se na termodinâmica prigoginiana, acreditam que a formação da vida não seria tão extraordinária e, tendo em vista a provável superabundância de planetas com características análogas às da Terra, que certamente haveria outras formas de vida no universo. Mas nenhum desses sinais de vida foi detectado. E, em terra, não apareceu qualquer outro tipo de organização viva além do que é determinado pela relação DNA-proteína.

O nascimento da vida dependeu de coincidências muito aleatórias, mas, uma vez nascida, a vida manifestou um formidável querer-viver.

É que, desde o nascimento, a vida veio a ser parasitada pela morte.

A auto-organização do vivo está constantemente sujeita à desintegração. Sua atividade permanente comporta dispêndio de energia e processos de degradação conduzindo à morte, daí a necessidade de extrair energia, organização e informação do meio ambiente. A autonomia do vivo só se sustenta na dependência em relação a sua ecologia: daí o conceito-chave de autoeco-organização. E este paradoxo: a autonomia precisa ser dependente para ser autônoma.

A vida é um trabalho permanente (batimentos cardíacos, circulação sanguínea, respiração pulmonar, inclusive durante o sono) que consome suas energias e a conduz à morte, ao mesmo tempo procedendo a um trabalho permanente de luta contra a morte. Como toda atividade viva consome energia, ela precisa encontrar energia no seu ambiente, ou seja, se alimentar. A vida está condenada a se alimentar constantemente. Todos os seres vivos, monocelulares, plantas, animais, sentem essa necessidade. As plantas adquirem sua energia por suas folhas e se alimentam por suas raízes. Os animais tiveram de inventar nadadeiras, patas ou asas para sair em busca de alimentos, que, animais, também são presas de caça. A atividade viva produz a morte que combate aniquilando outras vidas e, no caso dos policelulares, levando à morte suas próprias células para substituí-las por outras novas.

Quanto mais se tornou complexa, mais a vida se fragilizou, mais se viu ameaçada pela morte, mais se organizou para lhe opor resistência, inclusive se valendo da morte de suas células. Assim, as células que compõem um organismo humano, submetidas a um processo inelutável de degradação, se suicidam para ser substituídas por outras. Esse processo de regeneração, ao mesmo tempo de rejuvenescimento, permite utilizar a morte das células para vitalizar o indivíduo global: 500 mil das nossas células morrem a cada segundo; 30 milhões a cada minuto. E não temos a menor consciência disso. Xavier Bichat dizia muito justificadamente que a vida é o conjunto das forças que resistem à morte, e caberia acrescentar: "a ele integrando a morte".

Como o universo, mas de uma nova maneira, a vida se constrói se destruindo ou se destrói se construindo. Como viver é ir em direção à morte combatendo-a, a vida trabalha no sentido de viver trabalhando para morrer e a vida trabalha no sentido de morrer trabalhando para viver.

O tempo é a condição para viver, a morte é o preço a pagar para viver. Morrer e viver são antinômicos e inseparáveis.

A parte de vida que é espécie escapa à morte a cada reprodução, mas a parte individual está sujeita a ela. Cada agonia é lancinante. Para adiar o prazo da morte, a vida inventou a reprodução, que a cada vez é uma vitória provisória contra a morte.

Desde o início, a vida "entendeu" que, para durar, era preciso se reproduzir, e assim inventou o mais espantoso sistema: cissiparidade, separação ou ruptura da dupla hélice de DNA em duas metades, seguida da formação, em cada metade, de uma dupla hélice completa; misteriosa operação que comporta a divisão de um ser e a reconstituição de dois seres a partir de duas metades geradoras, ao passo que uma reprodução, segundo a racionalidade técnica, deveria obedecer à lógica de uma máquina de Turing, que produz uma descrição e depois uma reprodução de si mesma a partir dessa descrição.

A autoeco-organização do ser vivo já é espantosa, mas o mais surpreendente é a autorreprodução de sua própria organização complexa, que vai muito além da autorreplicação de certos cristais. Tudo se passa como se o ser vivo arcaico tivesse sofrido um choque que quase o quebrou e tivesse se reproduzido a partir dessa rachadura. Seja como for, cabe supor uma inteligência criativa espantosa para inventar essa solução.

Desde o primeiro ser vivo, a vida escolheu se multiplicar: a cissiparidade dos monocelulares, depois a sexualidade das plantas e dos animais. Tudo que é vivo *deve* se multiplicar. Foi a morte que estimulou a vida a se reproduzir, se multiplicar, proteger seus germes e ovos.

A reprodução evoluiu de maneira incrivelmente inventiva nos vegetais e animais. Houve o germe concentrado do patrimônio hereditário da planta contido numa célula especialmente voltada para a reprodução, depois a fecundação sexual entre um elemento macho e um elemento fêmea, o que permite desenvolver no interior de uma espécie a diversidade que confere à vida riqueza de possibilidades e capacidade de resistência aos riscos e doenças. A vida, com a reprodução sexuada, se torna dupla em sua unidade. O indivíduo é rapidamente mortal, a espécie, não cessando de se multiplicar, resiste com eficácia à morte, sem, todavia, poder afinal escapar dela.

A reprodução (duplicação, germe, sexo, esperma, ovo) é uma resposta vital aos inúmeros riscos mortais que surgem do meio ambiente e à inelutabilidade da decomposição, para toda organização. Mas, no mesmo movimento, já a partir da reprodução, por germe ou ovo, a organização viva teve de aceitar, preparar a morte do indivíduo para a sobrevivência da espécie.

Em certas espécies, a morte do indivíduo é quase programada, ou pelo menos predeterminada (apoptose das folhas de uma árvore).

A união dialógica entre a espécie e o indivíduo corresponde não só à dupla finalidade rotativa em que a espécie tem por fim o indivíduo e o indivíduo tem por fim a espécie, mas também à união dialógica dos dois antagonistas radicais: vida e morte.

Existe um formidável querer-viver e uma formidável inteligência da vida em seus duelos permanentes com a morte para encontrar incansavelmente o alimento e produzir novos indivíduos pela reprodução. A luta contra uma morte sempre presente comportou um desperdício extraordinário, porém necessário de germes, esporos, esperma, ovos para garantir a sobrevivência de pelo menos alguns.

A luta contra a morte também é mortífera: significa matar outros seres vivos, vegetais e animais, para deles se nutrir. A vida é como o catóblepa, animal mitológico que se nutre devorando a si mesmo.

Há quem considere que só o indivíduo é concreto, que a espécie não passa de uma abstração. Ora, a espécie que não existe e só se reproduz por meio dos indivíduos é uma entidade concreta que persegue a perpetuação de sua vida por meio da vida e da ação reprodutora dos indivíduos, apesar (e por causa) da morte dos indivíduos. Outros consideram que a espécie é a única realidade, sendo o indivíduo seu servidor. Mas só o indivíduo existe *hic et nunc*. Ele é *Dasein*. O indivíduo não é nada sem a espécie, e a espécie não é nada sem os indivíduos.

A espécie produz indivíduos, e os indivíduos, ao se reproduzirem, produzem a espécie. Finalidade rotativa em que o indivíduo e a espécie são ao mesmo tempo fim e meio um do outro.

O indivíduo singular, autônomo, momentâneo, também é, ao mesmo tempo que é diferente, igual a seus ascendentes: a mesma individualidade se prolonga no tempo por meio da sucessão dos diferentes indivíduos.

Cada indivíduo vivo parece dispor de um quase duplo informático; o primeiro é o da autoafirmação egocêntrica, que, como indica a palavra, o situa no centro do seu mundo. Esse egocentrismo é vital para se nutrir, se defender, se proteger. O outro o põe a serviço de sua descendência e, no caso de um grande número de animais, o integra no nós de uma sociedade ou de um casal genitor.

Os vivos não apenas são animados, mas também possuídos pela vida e, nesse ponto de vista, quase sonâmbulos. Nós somos habitados e possuídos pela máquina que habitamos e possuímos. Existe uma espécie de gênio desconhecido na máquina. É admirável que a organização viva funcione de forma inacessível a nossos sentidos (exceto em caso de mal-estar ou dor), inacessível a nossa consciência. Depois de mastigados, os alimentos desaparecem da nossa consciência e uma complexa máquina digestiva começa a funcionar. Os sucos gástricos são secretados, o estômago digere e transmite seu trabalho aos intestinos. Fígado, vesícula biliar, baço e rins cumprem então sua função, e nossa consciência só ressurge quando estimulada pelo desejo de urinar ou defecar. Nós não temos fome, é a fome que toma conta de nós; quando despertamos, é o despertar que se estabelece em nós. E nosso organismo-máquina tem seu saber e sua sabedoria. Pois os animais não conhecem instintivamente as plantas curativas e as venenosas?

A inteligência e sensibilidade vivas

Os seres vivos, inclusive os vegetais, desenvolvem, cada um à sua maneira, as aptidões cognitivas da vida.

Durante muito tempo ignoramos a inteligência e a sensibilidade dos seres vivos, inclusive dos nossos irmãos mamíferos. Superestimando o humano, repudiamos, chamando de antropomorfismo, tudo que reconhecesse sofrimento e prazer nos animais, embora na verdade tenhamos herdado e superdesenvolvido o sofrimento e o prazer próprios da vida animal, e sobretudo mamífera.

Animal = dotado de alma (*anima*) e de espírito (*animus*): Bateson já havia frisado esse ponto. (A alma, vamos então repetir, não é substância, mas emergência sensível e sensitiva da atividade cerebral.) Qualquer um que viva com cães ou gatos sabe que esses animais têm uma personalidade, uma sensibilidade, uma alma.

Muito recentemente, identificamos inteligência, estratégia e sensibilidade, além de capacidades de comunicação, entre membros de uma mesma espécie, não só entre nossos primos primatas e nossos parentes mamíferos, mas também nos vegetais.

Tudo que é atividade física, do mono ao policelular, vegetal ou animal, comporta uma dimensão cognitiva: assim, a criação, muito cedo na história vegetal, da capacidade de captar e utilizar a energia solar pressupõe uma apreensão cognitiva das virtudes energéticas da radiação solar e das virtudes captadoras/assimiladoras da clorofila. E, no entanto, as plantas não têm cérebro nem sistema nervoso. Nelas, a sensibilidade e a inteligência são indistintas nas interações permanentes do conjunto das células do vegetal.

Assim, o conjunto das células da planta induz estratégias, táticas (para encontrar o sol, impedir outras plantas de brotar por perto, se proteger). As plantas de mesma espécie sabem transmitir umas às outras informações defensivas contra parasitas. Um exemplo: em caso de agressão por um herbívoro, a acácia aumenta sua taxa de tanino, tornando suas folhas tóxicas para os antílopes, e avisa a distância as acácias ao redor.

Comunicações químicas por feromônios, por sons, por cantos, por danças (abelhas). É muito possível — como percebeu a cantora Isabelle Sabrié no caso das rãs, em seu jardim em Manaus, na Amazônia — que pássaros, cães e outros animais disponham de vocabulário e sintaxe ligados a uma linguagem gestual, embora só ouçamos sons repetitivos e inarticulados.

De maneira geral, todos os seres vivos, inclusive as bactérias, e quem sabe até os vírus, são dotados de subjetividade, pois ser sujeito[21] consiste em se situar/se afirmar no centro do próprio mundo (em outras palavras, de maneira egocêntrica), o que o anima a se alimentar, se defender, lutar pela própria vida. Cabendo acrescentar que ser sujeito é também a aptidão de participar de um nós, um coletivo, uma comunidade. O que já é o caso das bactérias.

As bactérias têm aptidões ao mesmo tempo cognitivas, comunicativas e organizacionais, se informam reciprocamente e se ajudam transmitindo entre si fragmentos de DNA, e talvez seja uma transmissão de DNA resistente a antibióticos que permita a bactérias cada vez mais numerosas evitar o perigo mortal do bactericida. Não só as bactérias se comunicam, como cooperam e se organizam entre elas.[22]

A hipótese de um ser bacteriano coletivo reinando na terra, sob a terra, no mar, nos nossos intestinos suscitou a ideia de que toda vida policelular, inclusive a nossa, seria controlada por esse ser bacteriano coletivo.[23]

Além disso, a capacidade de mutação dos vírus, especialmente da gripe e da Aids, assim enganando as defesas dos organismos, não é produto exclusivamente do acaso, mas também de uma força reorganizadora, eventualmente coletiva, na hipótese de haver uma sociedade planetária viral, entidade dotada de inteligência, assim como haveria uma sociedade planetária das bactérias.

Ao mesmo tempo, a vida inventou nas sociedades solidariedades no seio das espécies, especialmente nas sociedades animais, sociabilidades proveitosas para todos, como entre as bactérias e nos nossos

---

21. 1. Cf. *O Método*, 2, *op. cit.*, p. 155-200.
22. Cf. as experiências confirmadoras de Bonnie Bassler, Universidade de Princeton.
23. Cf. Lynn Margulis e Dorion Sagan, *L'Univers bactériel*, Albin Michel, 1989.

intestinos, múltiplos parasitismos, assim como ecossistemas, redes cognitivo-organizadoras, constituídas de interretroações complementares, concorrentes e antagônicas, culminando na macro-organização da biosfera.[24]

Conclusão

A vida é marginal e representa um desvio no seio do mundo físico. Há um enorme salto de complexidade entre a organização molecular e a autoeco-organização viva. Para o olhar complexo, o conjunto das qualidades emergentes constitui a realidade da vida.

A vida é inteligente, engenhosa, criadora, maravilhosa, cheia de sentido e ao mesmo tempo incompreensível, absurda, insana, horrível. A organização dos seres vivos é uma obra-prima de complexidade, mas a vida é pura loucura.

Queremos a todo custo encontrar um sentido para a vida, mas, se sentido há, não é no sentido que conferimos à palavra sentido. Ele está escondido dentro do absurdo.

O único sentido da vida está em sua finalidade: viver por viver, finalidade cujo sentido não podemos encontrar.

---

24. Cf. *Método*, 2, *A Vida da vida, op. cit.*, p. 19-77.

5

A criatividade viva

O olho deveria logicamente ter preexistido como todo
para a elaboração das partes que o constituem.

A força criadora escapa a qualquer
denominação. Em última análise, permanecerá
um mistério indizível.

PAUL KLEE

A criatividade do universo físico é sistêmica: os sistemas, derivados da associação organizadora de constituintes diversos, criam emergências, qualidades novas e desconhecidas dos elementos isolados. A vida derivou de uma criatividade sistêmica assim, a partir da associação organizadora de constituintes moleculares inúmeros e diversos, e suas qualidades próprias, entre elas a própria auto-organização, derivam da criatividade sistêmica. Uma vez nascida, contudo, a auto-organização viva dispõe de uma nova criatividade, capaz de criar órgãos e transformar organismos: a criatividade viva.

A vida é criadora de criatividade

Existe uma dialógica própria da auto-organização viva: uma lógica garante a invariância da espécie e do indivíduo, a outra permite as reorganizações genéticas criadoras, no coração do dispositivo de reprodução, do qual saíram as inúmeras inovações da evolução: células eucarióticas, seres policelulares, assimilação clorofiliana nas plantas, que lhes permite captar a energia solar, explosão floral e, nos animais, nadadeiras, patas, asas, cérebro, sistema nervoso, fígado, rins etc.

Aparentemente, a partir da reprodução, que perpetua de forma idêntica e se opõe a toda modificação, a lei da vida deveria excluir qualquer invenção criativa. Ora, cabe observar que se em relação à reprodução idêntica, fenômeno normal, a criação inovadora é um fenômeno de desvio, marginal, raro, esta se tornou um motor decisivo da proliferante e luxuriante evolução biológica, isto é, da própria história da vida.

A criatividade se manifesta ao longo da reprodução, quer dizer, da recriação de um novo ser vivo; ela pode ser estimulada por uma casualidade, pela integração ao DNA de um vírus que traga uma informação inovadora, e pode sobretudo ser estimulada por desafios decorrentes do meio ambiente. A partir do momento em que são criados uma qualidade nova, um órgão novo, estes vão se propagar justamente por reprodução, a qual, "normalmente" proibitiva do novo, se põe a serviço do novo, o multiplica, donde as miríades de espécies vegetais e animais.

Existem, na natureza não só animal, mas também vegetal, formas prodigiosas de conhecimento ligadas a uma forma de criatividade, como por exemplo a invenção das flores que "sabem" como atrair os insetos coletores, mas isso também se aplica aos insetos, aos pássaros e muitas outras espécies. Os casos notáveis de conhecimento/criatividade vegetal sem cérebro nem sistema nervoso nos revelam que o elo cognição/criação (no qual a cognição permite uma criação que traz uma nova cognição) é inerente à autoeco-

-organização viva, embora só se ative em situações extremas, quase sempre, ao que parece, para reagir a um desafio mortal ou a uma aspiração profunda.

A criatividade se dá por associações e combinações. A união íntima de dois seres monocelulares, ou melhor, a absorção de um pelo outro vai criar a célula eucariótica com dupla hereditariedade, estando a segunda na mitocôndria, vestígio de célula absorvida. Seres monocelulares vão se unir de maneira duradoura em policelulares, que por sua vez vão diversificar suas células. O acaso — ou as imposições de um meio — deve ter desempenhado um papel na formação dos policelulares, grupo coletivo com melhor armamento contra os riscos. A criatividade é evidente na invenção de um órgão ou de uma reorganização inovadora com emergências próprias. Os fabulosos desdobramentos proliferantes do reino vegetal e do reino animal nos mostram o que Bergson chamava de "evolução criadora" e que também poderíamos chamar de "criatividade evolutiva".

Desde os primeiros monocelulares, a vida engendrou uma proliferação de milhões de espécies, das quais subsistem 8,7 milhões de espécies vivas, entre as quais 2,2 milhões no meio aquático.

Ela inventou as figuras mais incríveis, tartarugas, caramujos, polvos, escorpiões, as cores mais resplandecentes, os tamanhos mais extremos, das bactérias ao elefante, passando pelos pulgões, da folha de capim à sequoia, os dispositivos mais engenhosos, como a teia tecida pela aranha, as armas mais imaginosas, do veneno da serpente ou do vespão ao chifre do rinoceronte.

Por meio dos nascimentos, inclusive das células num organismo vivo, a vida é um permanente recomeço. Um recomeço do mesmo (o retorno é o movimento da vida: Tao), uma reprodução idêntica que, em certos momentos decisivos, de origem externa e/ou interna, se modifica ou se transforma. A união dialógica de um princípio de invariância com um princípio de transformação é um caráter essencial da vida.

O desafio

A criatividade viva muitas vezes foi uma resposta a um desafio mortal. E ela se manifestou por uma aptidão a resolver um problema vital.

A primeira grande invenção do vivo se fez sem cérebro nem sistema nervoso. É a invenção da fotossíntese pela clorofila, já presente em certos monocelulares (diatomáceas, microalga), que se generalizou para o imenso reino vegetal; essa maravilhosa invenção permite à planta extrair sua energia da luz solar. Por outro lado, as raízes foram criadas para absorver sucos minerais.

A criatividade se manifestou numa arte das metamorfoses: das sementes à planta, do ovo ao animal adulto, do embrião mamífero na sua placenta ao adulto e, por fim, da lagarta rastejante à borboleta e à libélula.

Essa criatividade alcançou uma complexidade e uma engenhosidade que não alcançou (ainda?) o gênio humano: este, que tanto inventou, ainda não conseguiu fabricar uma bactéria, nem a mais simples planta, nem o mais simples animal.

Como o reino animal não foi capaz de captar a energia solar, teve de inventar meios de locomoção para buscar seu alimento e fugir dos predadores: nadadeiras, patas, asas. Teve de inventar uma mandíbula ou um bico para pegar os alimentos, alongar o bico no caso da cegonha ou do tucano, alongar o pescoço no caso da girafa ou a tromba no caso do elefante; inventou um extraordinário sistema digestivo para assimilá-los e rejeitar os dejetos. Inventou os órgãos dos sentidos, visão, audição, olfato, sistema nervoso, cérebro. Inventou formas, cores, cheiros para se fazer belo, assustar os inimigos, atrair o congênere do sexo oposto.

A difusão do oxigênio das plantas na atmosfera foi um veneno transformado no mundo animal em desintoxicante celular, por meio da respiração e da circulação do sangue. O rebaixamento do nível do mar suscitou o caráter anfíbio dos peixes que transformaram suas guelras em pulmões.

Cataclismos e catástrofes contribuíram para estimular a criatividade viva. Assim, os cateterismos do fim da era primária, que teriam destruído 90% das espécies, suscitaram a criação de novas espécies. A criatividade não é apenas resposta a um desafio ou problema. Também pode ser a satisfação de uma aspiração. Será que aquilo que tantas vezes fez emergir asas em seres terra a terra poderia vir de uma aspiração a experimentar a leveza ou a embriaguez do voo?

Podemos pensar, é verdade, que o voo permite ao predador encontrar com mais facilidade sua presa terrestre e à presa melhor fugir do predador terrestre; mas me parece que, ao contrário das patas e nadadeiras, as asas não atendem a uma necessidade de locomoção primordial para viver ou sobreviver. Portanto, a mim parece que a aspiração de voar produziu as asas de muitos insetos, gerou asas num ramo de répteis que se transformaram em pássaros, levou mesmo ao nascimento de asas num mamífero como o morcego. Podemos contemplar a todo momento a incrível metamorfose que transforma uma lagarta rastejante numa etérea libélula ou numa resplandecente borboleta.

Um desejo obscuro, inconsciente, mas profundo vindo de todo o ser não estaria na origem de tantas criações?

O luxo de tantos adornos e cores, do pequeno escaravelho ao pavão, não pode ser reduzido apenas à sedução sexual do congênere, e, de qualquer maneira, esta comportaria mesmo um componente estético. Adolf Portmann propõe o conceito de *Selbstdarstellung*,[25] "autoapresentação", tendência inerente dos organismos vivos a se autoapresentarem,

---

25. Adolf Portmann, *La Forme animale* (1948), reed. La Bibliothèque, 2013. A autoapresentação (*Selbstdarstellung*) exprime a ideia de que o ser vivo sente necessidade de apresentar-se. Apresentar-se aos congêneres e ao mundo que o recebe e com o qual interage. A forma animal exprime uma necessidade vital de se exibir, de se manifestar: "A autoapresentação é, portanto, uma espécie de exigência que cabe a toda vida: aparecer, mostrar apenas o que se é. O ser puro e simples (a simples existência positiva) não basta: é preciso, além disso, "aparecer", ou seja, dar forma, no campo visível (mas também pode se tratar de manifestações acústicas ou olfativas), à singularidade do que se é — não, no caso, da própria existência individual, mas da própria singularidade como espécie, da própria particularidade específica."

não apenas como congênere ou inimigo, mas por si mesmos, o que corresponde ao desejo de se fazer belo nos seres humanos.

Na verdade, nós, seres humanos, prolongamos a estética animal com nossas tatuagens, nossos enfeites coloridos e ao nos dotar, pelo vestuário, de uma variedade de peles removíveis.

É pouco plausível reduzir tantas invenções criadoras a simples mutações genéticas decorrentes do acaso, embora o acaso possa interferir. Os pesquisadores em biologia molecular, geneticistas, darwinianos atribuem todas as invenções da vida a mutações devidas exclusivamente ao acaso e se limitam a enxergar apenas manifestações de adaptação naquilo que na verdade foi mais que adaptação: invenção. A invenção pode ser criadora de adaptação ao meio e pode também criar a adaptação de um meio assim mesmo (como na formação dos ninhos de pássaros ou na arquitetura dos pastores, construindo choças e barragens). Muitos cientistas receiam que a criatividade viva remeta exclusivamente ao criacionismo, ou seja, ao desígnio de um Deus criador, quando a criatividade se encontra, como pensava Spinoza, no próprio cerne da natureza viva.

Existe, na minha opinião, uma potencialidade criadora adormecida no interior do que é vivo, que desperta diante de um desafio, um desejo, uma aspiração. A criatividade inventiva atua na fase embrionária do desenvolvimento, no momento em que o trabalho da espécie se transforma em formação do indivíduo.[26]

Eu não poderia concluir este trecho sobre a criatividade esquecendo meu próprio corpo, isto é, o corpo de todo *Homo sapiens/demens*. Esse organismo é fruto de uma evolução criadora desde os vertebrados, passando pelos mamíferos e enfim os primatas, até a nossa espécie.

É uma máquina incrível que, como já disse, me possui mais do que eu a possuo. E, no entanto, quanta engenhosidade, que complexidade, quando mais não seja na digestão, na qual, sem mesmo querer, eu se-

---

26. Considerando-se que existe manifestamente uma criatividade da vida, não ficam excluídas outras criatividades, mas hoje ninguém pode afirmá-lo.

creto saliva em torno do alimento triturado pelos meus dentes, e em seguida o bolo alimentar é embebido em sucos gástricos e vai fazer uma prodigiosa viagem que acaba no intestino grosso. Que complexidade na produção dos hormônios pelo cérebro! Que máquina hipercomplexa esse cérebro de que só conhecemos as manifestações eletroquímicas, embora produza sentimentos e pensamentos! As máquinas mais sofisticadas que fabricamos são grosseiras e rudimentares ao lado dessa que nos fabricou e nos refabrica a cada momento.

A vida generalizada

A biologia molecular elimina a noção de vida, ao passo que, na minha opinião, seria o caso de generalizá-la além dos seres estritamente biológicos: monocelulares, vegetais, animais. O planeta Terra é uma entidade geobiofísica dotada de vida própria. Talvez seja dotada de inteligência... os "discos voadores" talvez não fossem então viajantes do espaço, mas emanações da Terra.

Os ecossistemas são auto-organizações vivas a partir da conjugação de seres vivos de determinado meio e dos determinantes geoclimáticos desse meio.

As sociedades humanas são seres vivos[27] dotados de autoeco--organização. São ao mesmo tempo máquinas físicas, máquinas vivas, máquinas sociais.

A linguagem existe como primeira necessidade de comunicação em toda sociedade humana; ao mesmo tempo, dispõe de certas características da vida: evolução, metamorfoses; palavras morrem, nascem, derivam, expressões mudam. A linguagem tende a se ramificar em dois ramos, o prosaico de função utilitária e o poético, criador, que proporciona a emoção estética. A gíria é um sub-ramo poético muito vivo em sua inventividade. O ramo prosaico tende a se desvitalizar, transformando-se em "linguagem de fachada" sobretudo no terreno administrativo, tecnocrático e econômico.

---

27. Cf. *A Vida da vida*, *op. cit.*, p. 236 *sqq.*

A maneira como as línguas se formaram, se organizaram e evoluíram é a prova de uma força criadora formidável, nutrida na fonte dos inúmeros espíritos locutores.

Enfim, os espíritos humanos de uma sociedade produzem e nutrem entidades dotadas de vida que adquirem poder sobre os espíritos que as criaram: os deuses e as ideias. Os deuses são antropomórficos ou biomórficos, seu poder é de tal ordem que eles exigem dos seres humanos adoração, obediência, sacrifício, inclusive da própria vida, e assassinato dos ímpios ou infiéis. As ideias[28] podem ser igualmente soberanas e despóticas: assim, o comunismo foi uma imperiosa religião de salvação terrestre.

São nossos espíritos e nossas atividades que produzem e alimentam todas essas vidas que nos alimentam e às vezes, como os deuses e as ideias, nos sujeitam.

Conclusão

Os ramos mais fecundos em descobertas sobre a organização viva, a biologia molecular e a genética ocultaram a própria ideia de vida, que se tornou invisível para aqueles que veem apenas moléculas, genes, programas, mutações do acaso, seleção natural, que permitem escamotear a criatividade, com medo da ilusão criacionista.

A vida foi banalizada e trivializada.

Entretanto, a partir da década de 1960, a etologia animal permitiu reconhecer a complexidade dos comportamentos e inter-relações entre mamíferos, pássaros, peixes, para não falar dos trabalhos sobre as abelhas, as formigas e os cupins. Uma nova botânica revelou que a complexidade da evolução vegetal não era menor que a do mundo animal, e quero aproveitar a oportunidade para saudar a memória de Jean-Marie Pelt. Ela começou a descobrir a inteligência e a sensibilidade das plantas a que acabamos de nos referir.

---

28. Cf. *O Método*, 4, *As Ideias*.

Precisamos destrivializar a vida e nos espantar com ela. A vida surpreende por sua complexidade, sua autonomia, sua criatividade tão súbita e marginalmente aparecida no universo físico.

Nesse universo sem finalidade aparente, obedecendo apenas à dialógica ordem/desordem/organização, a vida introduziu sua dupla finalidade circular: reproduzir-se para fazer indivíduos vivos, fazer indivíduos vivos para reproduzir-se.

Embora não se possa conceber uma grande finalidade própria no caso de uma evolução tão diversa e proliferante, não podemos deixar de observar miríades de finalidades ao mesmo tempo divergentes e convergentes (em ecossistemas e biosferas), complementares e antagônicas. Mais uma vez encontramos o pensamento heraclitiano sobre a união entre a concórdia e a discórdia.

Conhecemos cada vez melhor a vida, mas ela permanece cada vez mais misteriosa para nós.

A vida é emergência, ou seja, um conjunto de qualidades.

A vida não se reduz ao biológico, ou seja, às entidades núcleo-proteicas que nos constituem.

A vida é polimórfica, pois as sociedades, as línguas, as culturas, as ideias, os deuses são entidades vivas.

A vida é cacofonia e sinfonia.

A vida é inteligente, sensível, criadora.

A vida é organizadora. A vida é cruel. A vida é admirável. A vida é louca.

Na evidência cotidiana do viver nós nos esquecemos do caráter espantoso da vida. Nas atividades prosaicas do viver nós nos esquecemos que a vida é poesia, mas nos nossos momentos eufóricos nós nos esquecemos que ela é cruel, terrível, horrível.

Sabemos que existe uma infelicidade de viver e que há uma felicidade de viver, mas cada um desses termos oculta o outro.

Só uma plena consciência e uma grande sensibilidade nos permitem saber que a vida é maravilhosa e horrível.

6

O humano desconhecido de si mesmo[29]

Quem somos nós, o que somos nós?

Eu poderia retomar o título do livro de Alexis Carrel que já completou 75 anos, *O homem, esse desconhecido*, muito embora o que hoje é conhecido lhe fosse então desconhecido. Mas o que é conhecido hoje continua desconhecido, apesar de conhecível, porque nossas escolas, nossos colégios e universidades não nos ensinam o que é o humano. E, no entanto, um imenso saber se acumulou nos últimos cinquenta anos a respeito do humano, suas origens, sua natureza, suas complexidades. Mas tudo isso está disperso, fragmentado e compartimentalizado entre as ciências, e a incapacidade ou impotência para reunir esse saber sustenta uma imensa ignorância sobre nossa própria identidade.

Assim, nenhum programa educativo nos informa que a mais bela e fabulosa conquista das ciências foi nos revelar que somos não apenas filhos do planeta Terra, mas filhos do cosmo que traz em nós toda a

---

29. A maior parte da minha obra foi dedicada ao humano, desde *O homem e a morte* até *A humanidade da humanidade*, volume 5 de *O método*, passando por *O paradigma perdido: a natureza humana* e *Terra-pátria*. Este capítulo, assim, trata do humano exclusivamente do ponto de vista das interrogações sobre as incógnitas trazidas por nossos conhecimentos.

história do universo, desde as primeiras partículas, e toda a história da vida, desde o(s) primeiro(s) ser(es) celular(es). À imagem da história do cosmo e da história da vida, a história humana comporta criações: de sociedades, de Estados, de civilizações, de religiões (budismo, cristianismo, islamismo), de crenças (socialismo), de extinções (impérios e civilizações) e, sobretudo, à imagem da vida, das mutações e metamorfoses (dos clãs arcaicos de caçadores-coletores às sociedades históricas, da Europa medieval à Europa moderna, da globalização atual à eventual pós-humanidade).

O *homo*, dito *sapiens*, derivou de uma tripla metamorfose: a juvenilização do indivíduo, que o levou a conservar quando adulto traços infantis ao mesmo tempo fisiológicos e psicológicos, a formação do cérebro grande, o desenvolvimento do uso da mão por oposição do polegar aos outros dedos, a complementariedade ativa entre essas três transformações.[30]

Nós somos seres trinitários, ao mesmo tempo indivíduo, momento/elemento de uma espécie biológica, momento/elemento de uma sociedade, e essas três noções não apenas são inseparáveis como recursivamente produtoras umas das outras.[31]

Somos "eus" absolutos e relativos: cada um é tudo para si mesmo, mas nada para o todo: sociedade, espécie, vida, universo. Só estamos "no mundo por uma infinidade de acasos" (Pascal), assim como por inúmeros determinismos.

Cada indivíduo é singular no seu físico, na sua fisiologia, nos seus genes, no seu temperamento. Sua subjetividade é irredutivelmente pessoal; ele é autônomo, separado do mundo exterior, protegido por

---

30. Não podemos eliminar a hipótese de uma aspiração e de uma busca na evolução primática que levou ao surgimento do bipedismo, do manualismo e do cérebro grande por meio de um processo de 4 milhões de anos em que apareceram e desapareceram tantas espécies desde o homem de Toumai e no qual só sobreviveu e se desenvolveu afinal o *Homo sapiens/demens*. Hoje podemos pensar que o desafio da savana, caso tenha desempenhado um papel na hominização, não foi o principal estimulante da criatividade hominizante.
31. *O método*, 5, *A humanidade da humanidade, op. cit.*, p. 21-74.

sua pele e seu dispositivo imunológico, e, no entanto, ao mesmo tempo, é um momento fugitivo, uma ínfima parte da espécie humana, uma ínfima parte da sociedade, que ambas estão dentro dele, uma pelos genes, outra pela cultura. Ele é egocêntrico e, em sentido inverso, pode esquecer de si num nós (amor, família, partido, pátria); é possuído pelos genes que possui, o maquinário do seu organismo lhe é totalmente inconsciente, exceto quando uma dor vem avisá-lo de uma avaria. Ao mesmo tempo que é quase sonâmbulo, ele é semidesperto no nível de sua consciência.[32]

Toda organização viva conhece a morte, se defende dela, a combate, e isso desde os primeiros monocelulares. Mas o indivíduo humano traz em sua consciência, desde a adolescência e ao longo de toda a vida, a dolorosa e atormentada presença da morte para ele e seus entes queridos. A morte parasita seu espírito com enormes obsessões, e ele se defende dela mitologicamente desde a pré-história, projetando uma vida depois da morte e depois suscitando as religiões de salvação que lhe conferem imortalidade.

A consciência nos serve para tomar consciência do inconsciente em nós. Ela nos permite nos interrogar. Por acaso seríamos joguetes? De que, de quem? Kundera chega a dizer que existe uma experimentação cósmica sobre a espécie humana (*A cortina*).

De fato, é como se tivesse prosseguimento em nós uma gigantesca experiência cujos fins nos são desconhecidos: científica, sádica, jogo, competição, batalha? Ou seríamos alguma concretização do sonho de um ser cósmico?

Da ignorância à plena consciência

Nós vivemos na superfície de nós mesmos. Somos possuídos por forças obscuras, nossos *Daimon* internos e externos a nós. Somos possuídos pelos mitos, deuses, ideias. Somos manipuladores manipulados,

---

32. Sobre a consciência, ver capítulo 7, "O cérebro e o espírito".

possuídos pelo que possuímos, viver é como uma embriaguez e um sonambulismo.

O conjunto do nosso organismo, formado por bilhões de células, inúmeros e complexos órgãos, tecidos os mais diversos, dispõe de uma inteligência, talvez de um pensamento, de que somos totalmente inconscientes. Um saber profundo e complexo está em nós, ele constrói, repara, regenera; reproduz, anima nosso ser biológico, e nós o ignoramos.

O formidável maquinário do corpo se ativa fora da nossa consciência: o sangue irriga todas as células, fígado, baço, coração funcionam por si mesmos; é a máquina que dá as instruções que chegam a nossa consciência: fome, sede, vontade de urinar etc.

Cabe repetir as palavras de Heráclito: "Despertos dormimos."

Nós somos máquinas, porém máquinas não triviais.[33]

Máquinas não triviais: pois o imprevisto, o inesperado, a loucura, a invenção podem sair de nós.

Buda, Jesus, Paulo de Tarso, o profeta Maomé, Joana d'Arc, Napoleão, Marx são máquinas não triviais.

O tiro de um sérvio fanático contra o arquiduque da Áustria em Sarajevo, em 1914, desencadeou uma guerra mundial que produziu milhões de mortos.

Um encontro casual pode desencadear um amor à primeira vista.

Tudo que é determinado em nós é, ao mesmo tempo, autônomo.

A multipersonalidade, que é evidente nos bipolares ou maníaco-depressivos, está presente sob formas nascentes ou provisórias nos diferentes estados, raiva, amor, gozo, em que somos a cada vez o mesmo eu e uma outra pessoa. Nossas flutuações internas cristalizam por um tempo personalidades diferentes.

Vivemos na superfície da nossa memória, sem saber que estamos ligados a nossos antepassados, às espécies animais, ao planeta, ao sistema solar, ao cosmo inteiro, sem ver que nossa inteligência super-

---

33. A máquina trivial é uma máquina determinista de comportamentos previsíveis.

ficial é impregnada pela inteligência profunda dessa hereditariedade e dessa herança.

Essa memória não parece apenas inscrita nos nossos genes. Existe outra (detectada pela psicologia geracional) que muitas vezes nos faz reviver acontecimentos vividos por antepassados. Nós somos habitados, possuídos pelos pais. Às vezes, o temperamento brincalhão do meu pai está em mim, às vezes, é o temperamento melancólico da minha mãe. Mais ainda: inúmeros antepassados estão em nós. É como se, numa assembleia de antepassados potencialmente presentes em nós, ora um, ora outro viesse nos habitar.

Somos possuídos pela espécie presente sob forma de DNA em cada uma dos nossos bilhões de células — do conjunto do nosso organismo, nos nossos inúmeros e complexos órgãos, nos nossos tecidos tão diversos. Também somos inconscientes de que nossa máquina é mamífera, invertebrada e traz em si a história da vida. A máquina dispõe de uma inteligência, de uma sabedoria (o biólogo Walter B. Cannon escreveu *A Sabedoria do Corpo*) e de um tipo de lógica da qual somos totalmente inconscientes.

O nascimento é ao mesmo tempo fim de uma aventura embrionária que, a partir de um ovo, célula inicial, mas portadora de uma imensa herança, recomeça numa aceleração de nove meses, de maneira hologramática e singular, os 2 bilhões de anos de história da vida. O fim da vida uterina é o início de uma nova aventura com o nascimento, a infância, o desenvolvimento, o envelhecimento, a morte, ao mesmo tempo comum e repetitiva, mas também inédita e desconhecida em suas modalidades singulares.

E por que ocorre ocultação não só do período fetal no seio de águas mães como também do nascimento, que é um trauma de extrema violência? Por que nossa consciência perdeu a lembrança da nossa primeira vida intrauterina e do maior acontecimento da nossa vida?

Nós somos possuídos pelo duplo programa informático da nossa subjetividade: o programa da afirmação egocêntrica do eu, que nos instala no centro do nosso mundo, e o programa do nós, que nos une e engloba no seio de uma comunidade. O primeiro exclui tudo aquilo que não seja ele mesmo, o segundo o inclui entre os outros num nós.

O duplo programa informático (egocêntrico, comunitário) explica a dupla verdade: o egocentrismo e a solidão absoluta de cada um, o altruísmo e a não solidão da comunhão ou da comunidade. Explica que o humano seja profundamente bom ou mau em função dos imprevistos e acontecimentos.

Ele nos permite compreender a aspiração essencial da humanidade, provavelmente desde seu nascimento e através de toda a história: a aspiração do desabrochar pessoal no seio de uma comunidade solidária. Todas as grandes revoltas, todas as revoluções nascentes surgiram dessa aspiração. Essa é a aspiração expressa pelas ideologias de emancipação; mas estas, uma vez senhoras do poder, muitas vezes serviram para camuflar os melhores instrumentos de opressão.

Devemos lembrar incansavelmente que o humano, em sua individualidade, sua sociedade, sua história, se polariza entre razão e delírio, técnica e mito, entre o interesse pessoal e a ação desprendida. São forças internas (*Daimon*) antagônicas, fontes do melhor e do pior no nosso passado, no nosso presente e no nosso futuro. A dificuldade está em dialetizar constantemente razão e paixão para evitar os dois delírios, o da razão congelada e o da loucura, não se deixar controlar pela técnica, mas controlá-la, dialogar com seus mitos sem se deixar dominar por eles, ligar o *eu* a um *nós*.

Entretanto, o pior muitas vezes se impôs. A história é conduzida por forças dementes, ao mesmo tempo que carrega, como a vida, blocos de racionalidade. As ilusões e cegueiras muitas vezes conduziram o destino dos povos. A vontade de poder levou aos massacres e desastres. O totalitarismo aniquilou tudo que não lhe obedecesse, até cometer o aniquilamento de si mesmo.

A história é reveladora da humanidade. Kundera diz justamente: "A história é como um projetor que gira em torno da existência humana e projeta nela uma luz sobre suas possibilidades inesperadas, que

[...], quando a história é imóvel, não se concretizam, permanecendo invisíveis e desconhecidas."

Como a vida, a história não avança frontalmente, mas se transforma a partir de um desvio que, quando se fortalece e desenvolve, se transforma numa tendência, que por sua vez vai suplantar a corrente dominante. É assim que homens divergentes, como Śākyamuni, Jesus, Paulo, Maomé, Lutero, Copérnico, Colombo, Fulton, Marx, Lênin, Hitler desviaram o sentido da história.

Uma religião nasce em condições históricas particulares, mas, uma vez constituída e instituída, pode se disseminar de maneira triunfante (não raro imposta) em qualquer lugar e sobre qualquer um (como no caso da imposição do cristianismo na América do Sul e da propagação do islã na África).

Não existe civilização que não tenha um fundo de barbárie. Sendo a barbárie um ingrediente da civilização, só é possível lhe opor resistência, mas não suprimi-la.

Os seres revelam o melhor ou o pior de si mesmos em períodos de crise, conflito, catástrofe.

O desperdício de germes, sementes, esperma pode ser entendido como forma de luta contra as forças de morte, destruição e predação coligadas. Para a humanidade, contudo, que enorme perda de tantas virtualidades humanas jamais concretizadas, tantas esperanças não realizadas, tantos amores perdidos, tantos impulsos abortados, tantas oportunidades jogadas fora, tantos pequenos Mozart assassinados, tantas incompreensões, tantas disputas e tantos ódios imbecis. Todos nós temos desesperos que vêm do mais profundo da alma. Vivemos alternadamente o querer-viver e o mal de viver. Alternamos nossas vidas entre pressão e depressão, uma palavra banalizada, aviltada e profunda.

A inconsciência da complexidade antropológica levou aos erros, cegueiras, ilusões, e assim continuará sendo, à falta de uma profunda reforma do conhecimento, da consciência e do pensamento humanos.

A consciência deve ser o futuro do humano.

7

O cérebro e o espírito

Apesar dos flashes e centelhas detectados pelos aparelhos cuja visão atravessa a caixa craniana, o cérebro continua menos conhecido que o universo, menos conhecido que a organização viva. Esse desconhecido está não só dentro de nós como da nossa consciência, da nossa fala, da nossa inteligência. O que se descobriu sobre o cérebro é capital e ao mesmo tempo reforça seu mistério. É uma máquina que funciona com 100 bilhões de neurônios (10 elevado à potência 11) entreligados e emaranhados em 100 trilhões de conexões sinápticas que podem ser descritas em termos elétricos e químicos, envoltas em banhos de células gliais. É um cosmo que comporta, ao que parece, mais elementos e relações que o grande cosmo do qual faz parte minusculamente. Ele é único entre os seres vivos por seu volume e sua complexidade.

O cérebro e o espírito, que estão um no outro, têm, cada um, uma linguagem incompreensível para o outro; a linguagem do cérebro é eletroquímica, a linguagem do espírito é a das palavras e frases.

A relação cérebro/espírito é ininteligível à primeira vista. Essa relação é mutilada pelos dois tipos de explicações dominantes que se opõem. O primeiro é redutor: nega a realidade do espírito, dissolvendo-o no cérebro. O segundo é disjuntivo: o espírito é uma realidade própria que dispõe do cérebro como se fosse uma antena de televisão.

A relação espírito/cérebro deve ser concebida não por redução do espírito ao cérebro ou disjunção entre os dois, mas segundo o princípio de emergência. O cérebro é, senão sede, pelo menos fonte do espírito. O espírito emerge de atividades do cérebro e se torna realidade psíquica se apropriando da linguagem, do saber e da cultura de uma sociedade. Se manifesta e é descrito por palavras, conceitos, discursos, teorias. Tornando-se espírito por atividade intelectual, ele comporta uma parte de sensibilidade a que damos o nome de alma. A alma e o espírito estão em *yin* e *yang*, inseparáveis, complementares e presentes um no outro. E dependem evidentemente de atividades cerebrais permanentes.

A consciência é uma emergência das atividades do espírito, de natureza reflexiva, tanto sobre sua própria pessoa quanto sobre todo objeto de conhecimento. A consciência é um conhecimento em segundo grau, que conhece a si mesma conhecendo o que conhece. É de natureza subjetiva, pois traz em si o sentimento da presença pessoal do sujeito consciente, mas lhe permite se conhecer e se pensar como objeto de conhecimento, ou seja, se objetivar sem por isso perder seu caráter subjetivo. Ela permite a reflexão sobre todo objeto de conhecimento e, assim, permite e favorece toda busca não só de objetividade, mas também, e sobretudo, de verdade. A consciência é o supremo fruto do espírito humano, seu supremo desenvolvimento, sua qualidade última. Mas, como todo produto último, é ao mesmo tempo o mais precioso e o mais frágil, sujeito a vacilar, a se extinguir e, como o conhecimento do qual vem a ser a forma acabada, está sujeito ao risco de erro, o pior de todos, o risco da falsa consciência que se julga consciência verdadeira.

O espírito consciente é uma emergência que ganha realidade. Assim, pode retroagir sobre o cérebro e mais amplamente sobre o organismo. O espírito tem poder sobre o cérebro do qual depende, fazendo-o secretar hormônios de agressividade, defesa, simpatia, e pode desenvolver poderes sobre o próprio organismo, como evidenciam os iogues capazes de diminuir e mesmo interromper os batimentos do coração. Parece-me plausível que poderes potenciais do espírito sobre nós mesmos ainda sejam amplamente ignorados. Será que não disporia de capacidades cognitivas ainda não despertadas e de poderes adormecidos que um dia viremos a conhecer e utilizar?

O princípio de emergência não explica, constata. Ele não elimina o mistério. Mas permite entender ao mesmo tempo a realidade ativa do espírito, sua autonomia relativa, a dependência dessa autonomia em relação ao cérebro, assim como a realidade da consciência, sua autonomia dependente em relação ao espírito.

Apenas o pleno emprego do espírito consciente pode nos fazer tomar consciência do mistério do espírito.

O espírito foi prospectado de diversas maneiras pelas psicologias, as psicanálises, como se estivesse separado do cérebro. Mais recentemente, o cérebro foi prospectado pelos neurocientistas eliminando a noção de espírito.

Paul McLean havia descoberto que o cérebro humano contém áreas sucessivas (cérebro reptiliano, cérebro mamífero e por fim cérebro propriamente humano), mas cometeu o erro de atribuir independência a essas três instâncias, quando, na verdade, estão em constante interdependência (como indicou Jean-Didier Vincent); depois a neurociência detectou a dualidade de um cérebro esquerdo, abusivamente qualificado de masculino, raciocinando de maneira sequencial e analítica, e um cérebro direito, dito feminino, considerando as coisas globalmente e com sensibilidade. Na verdade, um pouco de dialógica mostra a complementaridade dos dois cérebros, e é em função das culturas, das personalidades e dos momentos que um deles predomina sobre o outro.

Karl Pribram, cuja obra é negligenciada pelos neurocientistas, tinha elaborado um modelo "holográfico" de funcionamento do cérebro. Num holograma, o conjunto de informações registradas em cada fragmento de um suporte fotográfico, por exemplo, sob a forma de padrões de interferência, permite reconstituir o conjunto da imagem a partir de fragmentos e, portanto, apresentar uma visão global dela em três dimensões. Assim, não apenas a parte está no todo como o todo está presente na parte.

Por analogia, Pribram acredita que a memória não seria estocada nas células em lugares precisos do cérebro, mas contida nos motivos de interferências das ondas que o percorrem. Uma pedra atirada num lago provoca círculos concêntricos. A memória seria como a reconstituição do arremesso da pedra a partir da reconstituição dos círculos concêntricos em sentido inverso.

Por fim, a neurobiologia examinou *in vivo* as atividades cerebrais através da caixa craniana. António Damásio e Jean-Didier Vincent mostraram que as emoções estão sempre presentes nas atividades racionais e nas tomadas de decisão. As explorações das atividades cerebrais têm prosseguimento e revelam fragmentos de sua hiper-complexidade, mas esta continuará em grande medida desconhecida dos nossos espíritos/cérebros em virtude do princípio segundo o qual o sistema não dispõe de meios para conhecer totalmente a si mesmo.

Além disso, devemos imperativamente saber que nossos processos de conhecimento, da percepção até a ideia e a teoria, passando pela linguagem, são em si mesmos fontes, condições do erro e da ilusão. É efetivamente aquilo que nos permite conhecer que nos engana e confunde. Todo conhecimento, a começar pela percepção visual ou auditiva, é uma tradução de estímulos luminosos ou sonoros num código binário circulando no nervo ótico ou auditivo e reconstruído no cérebro. Desse modo, todo conhecimento está sujeito ao risco permanente do erro e da ilusão. Estamos sempre condenados a interpretar.

Por outro lado, todo objeto de conhecimento é coconstruído pelo espírito do sujeito que conhece e se forma na percepção de uma realidade que comporta elementos incognoscíveis. Assim, todo conhecimento comporta um fundo de ignorância. Como diz Dany-Robert Dufour: "A evidência e a certeza estão em conformidade com o erro e a mentira."[34]

---

34. *Le bégaiement des maîtres*, éditions François Bourin, 1987, p. 22.

Ao ignorar todo e qualquer ensinamento no sentido do conhecimento do conhecimento, todo o nosso sistema educativo contribui para a ameaça permanente, não raro mortal e já agora agravada, do erro e da ilusão no destino humano.

Assim, a máquina do conhecimento também é ao mesmo tempo uma máquina em grande medida desconhecida, que arranca ao desconhecido apenas parcelas, mas também a máquina do erro e da ilusão. Por mais maravilhosamente organizada que seja, ela é incerta num mundo incerto e numa realidade problemática.[35] Claro que podemos, às vezes com grande dificuldade, adquirir certezas, mas será sobre fatos, acontecimentos, depois de muitas convergências de fontes de informação e muitas verificações. Acontece que não temos como escapar da interpretação. As teorias científicas, como demonstrou Popper, são científicas por serem criticáveis, passíveis de revisão, e, na verdade, das teorias científicas do século XIX, restam apenas a da evolução e a da termodinâmica, que por sua vez evoluíram desde então. Mesmo científicas, as teorias repousam em postulados indemonstráveis, e os princípios de explicação são inexplicáveis. Indução e dedução, os dois instrumentos da racionalidade, apresentam cada um a sua brecha, a primeira, empírica (Popper), a segunda, lógica (Gödel e Tarski). Nossos metassistemas cognitivos que englobam nossos conhecimentos num conhecimento em segundo grau, por sua vez, também têm sua brecha.

O cérebro é uma máquina hipercomplexa, não trivial. Uma máquina trivial é uma máquina da qual se conhece o *output* ao se conhecer o *input*. Em outras palavras, é uma máquina totalmente determinista, como as máquinas artificiais que construímos, até robôs recentes nos quais introduzimos a incerteza. A não trivialidade do espírito/cérebro humano não é apenas a incerteza ligada a toda complexidade e sobretudo a toda hipercomplexidade; ela tem a ver com o inesperado

---

35. Cf. nosso capítulo 2, "A realidade".

possível de suas decisões, atos, comportamentos e aquilo que antecipadamente é o menos previsível: a crise de loucura, como a de Nietzsche em Turim, a 3 de janeiro de 1889, e sobretudo o ato criador, como a nona sinfonia de Beethoven.

Vamos então desembocar em três mistérios:

— O mistério abissal do inconsciente, não apenas freudiano, dos desejos, medos, recalques, mas do nosso cérebro, que funciona inconscientemente com seus bilhões de neurônios, do nosso espírito, que funciona inconscientemente, tendo apenas às vezes uma pequena chama frágil de consciência na superfície.

— O mistério do nosso organismo, formidável máquina auto-organizada e autorregulada que funciona inconscientemente, salvo alerta por perturbação ou dor.

— O mistério da nossa identidade, que contém em sua memória nossa vida fetal e nossos antepassados.

Ora, essa trindade inseparável, constituída por nosso inconsciente, nosso organismo e a memória incluída na nossa identidade, faz com que haja em nós um formidável saber sobre tudo aquilo de que saímos: o universo, a vida, nossos antepassados, um saber que ignoramos totalmente. Uma das nossas maiores e irremediáveis ignorâncias, como vimos, é não saber o que sabemos.

O conhecimento analógico

O espírito funciona não só de maneira lógica como também de maneira analógica e pode funcionar de maneira dialógica (assumindo e associando contradições).[36]

É digno de nota que a máquina de conhecer utiliza ao mesmo tempo a lógica e a analógica. A analogia, que muitas vezes atua como metáfo-

---

36. Cf. *O método*, 3, *O conhecimento do conhecimento*, *op. cit.*, p. 139-142.

ra, é um meio próprio de conhecimento atualmente ainda desprezado por cientistas, apesar de reabilitado cientificamente desde 1950 pela cibernética de Norbert Wiener, que demonstrou processos análogos de regulação nas máquinas naturais, nas máquinas humanas, entre elas as sociedades, e nas máquinas artificiais.

A analogia está presente em todos os nossos modos de conhecimento, exceto o cálculo, e é, em função das circunstâncias ou personalidades, controlada e corrigida pela lógica da racionalidade. Além disso, existe nos nossos processos de conhecimento um uso pertinente da analogia que nada tem de antinômico em relação à racionalidade. A analogia é essencial na vida cotidiana, sob a forma de metáfora ou imagem para expressar um sentimento ou uma ideia. A analogia é senhora na poesia. A poesia é um modo de conhecimento analógico-mágico que cria um encantamento sedutor, um "charme" (*carmen*).

O pensamento mágico, fonte de toda mitologia, se baseia na analogia entre o microcosmo (humano) e o macrocosmo (universo, natureza). Para ela, existe um vínculo analógico entre o nome e a coisa, o objeto e sua imagem. Assim, os curandeiros tratam uma doença a partir de um objeto que pertença ao doente ou então, hoje em dia, a partir de uma de suas fotos e até da sua voz transmitida por telefone.

Essa forma de conhecimento, que muitas vezes leva a superstições e ilusões, traz em si essa verdade durante muito tempo desconhecida nas ciências, até que os recentes desdobramentos na cosmologia física e na biologia levassem ao seu reconhecimento: assim como, no holograma, o todo está inscrito na parte, da mesma forma, como já vimos, o humano traz em si a aventura do universo e a aventura da vida. Nesse sentido, o humano é microcosmo, à imagem do universo.

Cabe acrescentar que, na relação analógica entre o humano e a natureza, há uma verdade expressa de maneira mítica, que liga os dois termos desvinculados pela civilização ocidental até a recente consciência ecológica.

A magia é uma concepção em que animais e plantas têm qualidades humanas e os fenômenos naturais são governados por espíritos todo-poderosos. A magia postula um poder absoluto do espírito. Este pode ser curador (por xamanismo, magnetismo, imposição de mãos) e exorcizar o mal; e pode lançar uma maldição, como, por exemplo, por meio do olho grande.

A magia é relegada a um passado superado ou a resíduos de superstição. É verdade que ela tem a ver com uma mentalidade arcaica, mas sua herança está presente em nós de maneira universal e profunda,[37] particularmente nos nossos mitos e religiões.

A mentalidade "primitiva" de Lévy-Bruhl, infantil, mágica, mística, esquecia que os caçadores-coletores arcaicos se valiam da racionalidade para elaborar e utilizar suas ferramentas, cerâmicas, louças, ornamentos, para fazer fogo, construir a habitação, praticar estratégias. Lévy--Bruhl esquecia também que os modernos são apenas parcialmente racionais e muitas vezes infantis, mitômanos, insensatos.

Poderes criadores do espírito

Na criatividade do que é vivo, o papel essencial é o do aparelho reprodutor contendo a engramação/memória/genética e modificando-a na transformação criadora.

Na criatividade humana, o papel essencial é o do espírito/cérebro; este tem a faculdade de invenção/criação desde a pré-história, não só nas artes e técnicas, como na proliferação luxuriante dos mitos e lendas.

A criatividade humana está em continuidade/descontinuidade com a criatividade viva. Existe continuidade em sua proliferação luxuriante. Existe descontinuidade no sentido de que a criação humana é de origem psicocerebral, tendo se manifestado nas civilizações, nas

---

37. Cf. *O homem e a morte, op. cit.*

técnicas, nas linguagens, nas culturas, nos ritos, nas religiões, nas trocas, nos edifícios e monumentos, nas obras de arte...

Existe continuidade/descontinuidade nos ornamentos, decorações e cores do mundo animal ao mundo humano, com as tatuagens, desenhos no rosto e no corpo, e depois as roupas sempre ricas em formas e cores nas civilizações humanas.

Cabe assinalar uma bela continuidade na descontinuidade. Parece-nos que a aquisição de asas seria, como vimos, fruto de uma aspiração de voar que apareceu em espécies terrestres como os répteis que se transformaram em pássaros, insetos, mamíferos (morcego). Acontece que os seres humanos sentiram a mesma aspiração. E a traduziram representando anjos, espécies voadoras de rosto humano, ou tentando voar, como Ícaro, com asas de penas ou cera. Leonardo da Vinci realizou a maquete de um homem voador. Mesmo depois da invenção do avião, Clem Sohn se atirou com asas artificiais do alto da Torre Eiffel e morreu. Mas Clément Ader já havia criado uma máquina de asas, dotada de motor e de uma hélice (dada a impossibilidade de agitar as asas), conseguindo se levantar um pouco do solo. A aviação então se desenvolveu e nos tornamos seres voadores, mas dentro de uma aeronave.

O espírito/cérebro fervilha noite e dia. Como diz Maeterlinck: "Há na nossa alma um mar interior, um verdadeiro e terrível *mare tenebrarum* castigado pelas estranhas tempestades do inarticulado e do inexprimível." O sonho é como um depósito de coisas preciosas misturadas a dejetos: o que é da esfera da lembrança, do imaginário, do simbólico, às vezes talvez da premonição, às vezes do trabalho intelectual...[38] O poder criador do sonho é extraordinário: nossos sonhos reproduzem personagens vivos, tão verdadeiros quanto na véspera, acontecimentos prodigiosos, coisas da esfera do verossímil e do fantástico. E a cada noite emerge do nosso espírito uma proliferação criativa fabulosa.

---

38. O erro que consiste em buscar a chave dos sonhos, mais valendo buscar um molho de chaves.

Se pudéssemos entrar no espírito/cérebro de um ser humano executando rotineiramente seu trabalho, descobriríamos sonhos diurnos, fantasias, devaneios, diálogos, proezas, assassinatos imaginários, fantasias eróticas.

Não somos senhores do nosso espírito. A conversão nos mostra como este pode ser transformado por uma súbita iluminação. É o caso de Saulo, perseguidor dos discípulos de Jesus, que tomba no caminho de Damasco quando Jesus lhe aparece, perguntando: "Saulo, Saulo, por que me persegues?" E Saulo, tornando-se Paulo, se torna o fundador do cristianismo. De muitas outras conversões iluminadoras se tem notícia, como as de Agostinho e, no século XX, de Paul Claudel. É como se, num espírito cético e mesmo hostil a uma fé religiosa (inclusive no caso de uma religião de salvação terrestre, como foi o comunismo), essa fé corroesse por dentro, inconscientemente, toda a estrutura racional do cético e, de repente, sob um choque iluminador, a destruísse e substituísse. Embora a necessidade de certeza e fé leve à conversão, é necessário um difícil trabalho crítico para chegar à desconversão.

Nada pode ser dado como certo no terreno do espírito. Romain Rolland, que foi o único intelectual entre 1914 e 1918 a condenar a guerra fratricida, na lucidez do seu *Acima da confrontação*, mergulhou na cegueira stalinista de 1930 até os processos de Moscou. Eu mesmo, que aos 18 anos tinha adquirido uma cultura política que me tornava muito lucidamente hostil ao comunismo de Stalin, a ele me converti em 1942, depois da resistência de Moscou à Wehrmacht,[39] me munindo de argumentos que acreditava racionalmente decisivos.[40]

De Santo Agostinho a Aragon, Éluard, Jean-Toussaint Desanti, Joliot-Curie, quantas conversões de espíritos céticos, lúcidos, racionais, científicos a uma fé absurda! De resto, foi por consciência das

---

39. Tratei, em *Autocrítica*, dos argumentos que determinaram minha conversão e me levaram a ocultar durante cinco anos o justo conhecimento que tinha do stalinismo.
40. Estão citados em *Autocrítica*, p. 79 *sqq*.

impotências da razão que o *credo quia absurdum* se impôs a Paulo, Agostinho, Pascal e tantos outros.

O extraordinário é que, desde as origens do *Homo sapiens/demens*, o espírito/cérebro produz fantasias que, como ectoplasmas se concretizando, adquirem forma, corpo, substância de mitos, de espectros, de espíritos e de deuses.

O espírito humano é mito-*poiético*, e mais ainda produtor de deuses, os quais, numa e por uma coletividade, adquirem autoridade e poder, a ponto de colonizar os espíritos sem os quais não existiriam.

O ser humano tem uma aptidão histérica, ou seja, a capacidade de conferir realidade física a uma realidade psíquica. É o que ocorre na somatização, em que uma perturbação mental ou moral provoca uma ciática ou um tumor no nosso corpo. Quero crer que a aptidão histérica é muito mais ampla e se manifesta pela capacidade de conferir realidade, e mesmo surrealidade, a produções imaginárias.

É o caso dos inúmeros espíritos presentes nas sociedades arcaicas (e esses espíritos voltaram no século XIX em casas mal-assombradas e sessões espíritas). Os espíritos foram quase divinizados nos orixás do candomblé ou do vodu e encarnam na pessoa dos fiéis durante os ritos de possessão.

Talvez esteja na origem dos espíritos o "duplo" que, na crença arcaica ainda latente em nós, se manifesta pela sombra, pelo reflexo, pela autoimagem e se ativa nos sonhos; o duplo sobrevive como espectro imaterial depois da morte e poderá tornar-se espírito do antepassado, como no culto familiar da Roma antiga e ainda hoje da China e do Japão.[41] Podemos nos perguntar se esse duplo não se transformou no *Daimon* dos gregos, espécie de conselheiro benéfico, ao mesmo tempo interior e exterior à pessoa, o que nos leva a crer que pôde se tornar, assim, o anjo guardião protetor dos tempos cristianizados.

Todos os espíritos nascidos dos nossos espíritos se nutrem dos nossos espíritos e os nutrem com sua proteção ou a salvação que nos prometem.

---

41. Cf. *O homem e a morte*.

O poder mitocriador do espírito humano se manifestou em todas as civilizações, sobretudo pela criação dos deuses: a *Ilíada* nos mostra a intervenção dos deuses olímpicos nas questões humanas, especialmente as guerras. Deuses aterrorizantes com suas exigências sanguinárias, como os mesopotâmicos ou astecas, impuseram sacrifícios humanos. Quanto ao deus da Bíblia, exigiu o massacre dos cananeus — inclusive mulheres, crianças, animais e árvores frutíferas. O deus dos monoteísmos exige uma adoração permanente, louvores incessantes e obediência a suas ordens mais cruéis. Nós somos capazes de morrer ou matar por um deus que não existiria sem nós. Dependemos totalmente dele, embora sua existência dependa exclusivamente de nós. Os deuses são imortais enquanto dispõem de crentes, mas são mortais quando os crentes desaparecem.

Depois, nos espíritos laicizados das sociedades modernas, ideias se tornaram todo-poderosas — nacionalismo, comunismo, fascismo —, exigindo dos fiéis obediência (*perinde ac cadaver*). Ideologias que se apresentam como ciências, como o marxismo e, hoje, o liberalismo econômico, possuem incondicionalmente os espíritos que nelas têm fé. Até mesmo em espíritos científicos, ideias ilusórias reinaram dogmaticamente, como as do determinismo universal ou do reducionismo.

Enquanto o imaginário se torna real nos deuses, existem outros poderes criadores de realidade imaginária, mas na plena consciência de seu caráter imaginário. É o poder dos romancistas, sobretudo dos maiores — Balzac, Dickens, Zola, Proust, Musil etc. —, de criar universos humanos e sociais, personagens, situações, acontecimentos de infinita riqueza, diversidade e complexidade. Casos extremos, é bem verdade, mas os casos extremos é que vão nos esclarecer quanto a esses poderes do espírito humano para os quais tantas vezes nos mostramos cegos.

O imaginário colabora com o real no romance, no qual se dá o nascimento de um universo fantasma dotado de efeito de realidade; da mesma forma nas diferentes artes.

Xamanismo

Para identificar as maiores e mais estranhas aptidões do espírito humano, devemos nos remeter ao xamanismo, durante muito tempo subestimado ou considerado curiosidade etnográfica. O xamanismo é universal nas sociedades arcaicas da Sibéria, da América, da Ásia. O druida gaulês parece ter sido um xamã. O xamã persiste em sociedades tradicionais na forma degradada de feiticeiro ou curandeiro. Hoje ressuscita nas cidades do Peru, da Colômbia, do Brasil. Durante muito tempo, o xamanismo foi considerado pelos modernos como tecido de crenças e superstições irracionais, até que experimentações de origem ocidental[42] verificaram sua eficácia curativa e de previsão.

O xamã é ao mesmo tempo "sábio, terapeuta, conselheiro, curador e vidente". É o iniciado depositário da cultura, das crenças, das práticas que permitem a comunicação com os espíritos (espíritos dos antepassados, espírito dos animais) numa concepção do mundo mágico- -analógica em que tudo se comunica. Ele elabora e dirige os rituais das cerimônias em que se entende com o mundo invisível e cura pela ação psíquica direta ou por utilização de plantas ou substâncias terapêuticas; desfruta de percepção extrassensorial: telepatia, presciência, visão a grandes distâncias, divinação; liga o mundo dos mortos ao dos vivos.

A atividade do espírito/cérebro xamânico é estimulada por uma bebida como a ayahuasca na Amazônia ou o *peyote*, cogumelo alucinógeno no México, pelo tambor monótono, o canto reiterativo e se manifesta no e pelo estado de transe. É no transe que o xamã se comunica com o mundo dos espíritos (antepassados, gênios dos lugares) e com o mundo da vida, plantas ou animais (segundo Jeremy Narby, a comunicação se faria pelo DNA universal, linguagem genética idêntica para todo ser vivo).[43]

---

42. Gala Naoumova: *Taïga transes. Voyage initiatique au pays des chamans sibériens*, Calmann- -Lévy, 2002. Corinne Sombrun, *Les Esprits de la steppe*, Albin Michel, 2012. Cf. primeiro livro de conjunto, Mircea Eliade, *Le Chamanisme et les techniques archaïques de l'extase*, Payot, 1992.
43. *Le Serpent cosmique: l'ADN et les origines du savoir*, Georg Éditeur, 1997.

O xamã pode ter acesso telepaticamente a conhecimentos ocultos nas plantas, nos animais. Foi, inclusive, segundo acreditamos, o mentor e o instrutor na humanidade pré-histórica e arcaica.

Parece provável que os xamãs tenham desempenhado um papel vital para a alimentação de seus povos, como supomos na Amazônia e entre os *pueblos* indígenas do México. A extraordinária diversidade luxuriante da vegetação amazônica tornou impossível aos indígenas distinguir por acaso as plantas comestíveis e terapêuticas vitalmente necessárias. O saber xamânico teria selecionado para eles as plantas comestíveis e indicado as venenosas. Os *pueblos* cozinhavam o milho que era seu único alimento cada um de maneira diferente, obedecendo a preparações estranhas à base de cascas de árvores e outros ingredientes. Os antropólogos consideravam que essas práticas decorriam de superstição, até que um bioantropólogo,[44] analisando as substâncias adicionadas ao cozimento do milho, constatou que elas permitiam a assimilação da lisina, substância nutritiva do milho, pelo organismo humano.

O xamanismo comportaria, portanto, um teleconhecimento, ou telepatia, que, ao se manifestar nos estados de transe, constituiria estados de vidência. Cabe-nos supor processos cognitivos ligados a um tipo de intuição mimético-analógica (a mimese é uma atividade do espírito que inclui e suscita um conhecimento)[45] ou mediúnica.

Certos indivíduos sentem muito cedo o "dom" xamânico. Outros, filhos ou filhas de xamãs, são educados pelos pais para se tornar xamãs. Isso significa, a nossos olhos, que a potencialidade dos dons psíquicos do xamanismo estaria presente em todo ser humano, que bastaria cultivá-la, mas que ela só se manifesta espontaneamente em certos espíritos.

Por outro lado, me parece altamente provável que os artistas que realizaram as pinturas rupestres pré-históricas das grutas de Chauvet,

---

44. S. H. Katz, cf. *L'Unité de l'homme*.
45. Cf. páginas seguintes.

Lascaux e outras tenham sido xamãs capazes de reproduzir por mimese, com um realismo impressionante, animais que não podiam observar diretamente em cavernas profundas. Executavam suas obras de memória, provavelmente num estado de transe atenuado, que é o estado de todo artista criador.

Eu mesmo, sem querer posar de artista, fazia de cabeça, fora de sua presença, caricaturas muito fidedignas dos parentes e amigos, mas, quando queria desenhar analiticamente, contemplando meu modelo, desenhando sucessivamente rosto, olhos, lábios, fracassava na busca da semelhança.

Mimese

Existem mimetismos que são verdadeiras possessões: eu adorava imitar meu mestre e amigo G. F., de tal maneira que essa necessidade de imitá-lo muito frequentemente tomava conta de mim. Mas o que sobretudo tomava conta de mim era sua pessoa: imitando sua voz, eu pensava como ele, eu era ele, ao mesmo tempo permanecendo muito pouco eu mesmo.

Mimese do sonho: certa manhã, fiquei estupefato de ter sonhado com a presença integral de G. M., com sua maneira de pensar, falar, sua voz...

A mimese é uma atividade mental essencial, destacada por René Girard e talvez excessivamente ventilada por ele, na rivalidade.

O mimetismo tem fontes pré-humanas: os mimetismos animais são inúmeros e de diversos tipos, cores e formas entre os insetos, mas também entre os répteis, pássaros, mamíferos. A aptidão humana é primeiro que tudo mental: está no espírito do artista-xamã que produz pinturas rupestres de animais sem ter os modelos diante dos olhos; está no ator que se investe no seu papel; está no espectador de filme que experimenta os sentimentos dos personagens.

Por fim, é muito importante entender que a mimese é um conhecimento de tipo analógico, e que esse conhecimento mimético permite uma recriação do que é imitado num novo terreno. Assim, o mimetismo é um modo de conhecimento que permite a criatividade.

Victor Serge observou que escrevia seus romances num estado de transe. Um estado alterado e ao mesmo tempo de transe atenuado (não convulsivo), como que possuído pelos personagens que criou, e mimético, ou seja, sentindo o que ocorre no interior de seus personagens. O romancista dispõe de um poder pós-xamânico na aptidão de criar personagens vivos, de penetrar sua subjetividade, de recriar um mundo social e natural; mas, no plano da ficção propriamente dita, de uma aptidão de igual natureza criadora, surreal, àquela de criar deuses e mitos que adquirem vida.

Pós-xamãs são os grandes escritores, os grandes músicos, os grandes pintores, os grandes poetas.

Um Rembrandt tem uma aptidão mimética que, por meio do rosto, revela a alma de seu modelo. Miró constatava: "É difícil, para mim, falar da minha pintura, pois ela sempre nasce de um estado de alucinação." Café (Balzac), cocaína (Cocteau e outros) e álcool ajudam o criador a entrar num estado alterado, próximo do transe ou da alucinação.

O flamenco ilustra bem o momento em que cantor e/ou dançarino são possuídos pela música e entram em transe. Depois dos primeiros "Ay!", o cantor ainda não está inspirado, a magia ainda não opera, até que de repente pode surgir o "duende", ou seja, a transfiguração da voz; o público andaluz sente muito fortemente e expressa com seus "olé!" e exclamações a chegada do sublime.

A criatividade pode se manifestar durante o sono, no qual o cientista encontra a solução do problema que não conseguia resolver em estado de vigília.

O estado sonambúlico pode provocar uma extralucidez. Recordo que, voltando de uma viagem, minha esposa Edwige não encontrava as chaves que tinha escondido durante nossa ausência. Em vão as procurou por toda parte, dias seguidos. Certa noite, ela se levantou, sonâmbula, e eu a segui; ela foi ao banheiro, subiu na borda da banheira, abriu um armário, meteu a mão por baixo de uma pilha de toalhas e retirou um molho de chaves, desceu e voltou para a cama. Delicadamente, tirei o chaveiro de sua mão. De manhã, quando ela acordou, eu sacudi as chaves diante dos seus olhos. "Onde você achou?", perguntou-me.

Os médiuns entram em estado sonambúlico para se comunicar com os espíritos. E os espíritos se manifestam. Na minha opinião, os espíritos, como os *Daimon* e anjos da guarda, como os deuses, realmente existem, mas existem porque são nutridos e cultivados por nossos espíritos/cérebros, tanto mais reais e poderosos na medida em que uma comunidade de crentes colabora para alimentar e preservar sua existência.

O notável é que, se todas as criações da arte, inclusive da arte do ator, comportam uma fonte de inspiração pós-xamânica ou sub-xamânica, elas também são meio xamânicas, pois comportam a colaboração de uma consciência racional, crítica, que corrige, retoca, desfaz, modifica. Eisenstein entendeu bem o duplo aspecto da criação: mergulho nas fontes subterrâneas e ascensão em direção aos mais altos níveis da consciência: "A arte não seria uma regressão artificial no campo da psicologia, em direção às formas do pensamento primitivo, em outras palavras, um fenômeno idêntico ao provocado por qualquer droga, bebida alcoólica, magia, religião etc.? Resposta a essa pergunta: a dialética da obra de arte é construída sobre uma curiosíssima 'unidade dualista': uma impetuosa ascensão em direção aos níveis mais altos da consciência e a penetração simultânea de camadas mais subterrâneas do pensamento sensorial."

Uma criação humana é uma combinação de transe e consciência, de possessão e racionalidade.

Assim, o lógico colabora com o analógico, o racional com o intuitivo em todas as grandes criações, e estas, quando atingem o sublime, oferecem ao ouvinte, espectador, leitor, o charme (no sentido forte da palavra) e a magia (no sentido metafórico) de um estado alterado de maravilhamento e beatitude.

Consideramos os estados de transe e possessão do xamanismo[46] e dos ritos, entre eles o candomblé e o vodu, casos extremos. Mas também temos nossos estados mais ou menos intensos de possessão, de semitranse, nos nossos momentos poéticos ou estéticos de admiração, maravilhamento, fascinação, embriaguez, no jogo, em suma, em todas as nossas exaltações. Às vezes os buscamos no álcool e nas drogas, e sobretudo nas festas e no amor.

Vivemos transes e possessões nos momentos de fervor ou pânico em multidão, ser coletivo que se forma em certas condições psicológicas e demográficas, transformando-se os indivíduos provisoriamente em células integradas num organismo policelular em delírio. E os vivemos nos momentos frenéticos, fanáticos e fantásticos em que nosso time de futebol faz o gol da vitória.

Devemos reconhecer a extraordinária força da fascinação que podemos sentir em um semblante ao acaso, no metrô, no rosto em primeiro plano de uma estrela de cinema.[47] O poder de atração quase gravitacional de Eros nos deixa num estado de possessão muitas vezes incontrolável (estado mais banalmente chamado de "excitação"). Esse estado tem algo de encantamento, e o coito o torna paroxístico,[48] num verdadeiro êxtase. O que se costuma dizer pornográfico tem algo de místico, sagrado e religioso, em que o culto do pênis, da vagina, a ejaculação realizam inconscientemente um rito cósmico...

O estado poético

Retomemos aqui a ideia, muitas vezes expressa na minha obra, de que nossas vidas são polarizadas entre prosa e poesia. Como disse num

---

46. O xamanismo é universal nas sociedades arcaicas de todos os continentes e está voltando no mundo urbano contemporâneo.

47. Do qual derivou um culto específico, o culto das estrelas, cf. E. Morin, *Les Stars*. Seuil, col. "Points", 1972.

48. É curioso que, à exceção dos gatos, só entre os seres humanos o ato de amor provoque uma violência convulsiva semelhante a uma agonia.

capítulo anterior, a prosa da vida diz respeito às obrigações e necessidades que executamos sem prazer. A poesia se manifesta em todos os estados de comunhão, efusão, maravilhamento, jogo, amor, inclusive nos estados de gozo estético que nos deixam num estado alterado de emoção feliz. A felicidade é uma realização do estado poético. "É sentindo o que é poético que o conhecemos e entendemos, ele só pode ser conhecido e entendido ao ser sentido" (Leopardi).

O estado de poesia constitui a aspiração mais profunda do ser humano.

Os estados poéticos vão da emoção estética ao entusiasmo, da admiração ao maravilhamento, do pequeno prazer encontrado no cotidiano à embriaguez da festa, da exaltação amorosa ao êxtase. Ele provoca um "estado alterado" que, se intensificando, entra na esfera do transe e da possessão.

Recapitulemos as palavras que expressam as diferentes formas dos estados poéticos e englobam os estados pós-xamânicos:

Estado alterado: teve inicialmente uma definição patológica, como perturbação da consciência, característica da histeria ou da hipnose. Aqui o arrancamos à esfera mórbida para torná-lo um termo genérico dos estados poéticos; ele se manifesta nos estados de comunhão e nos estados de criação; a histeria e a hipnose são características extremas dos estados alterados.

Estado estético: estado de emoção poética, agradável ou feliz, provocada pelo espetáculo da natureza, um acontecimento, um comportamento humano e, naturalmente, uma obra de arte.

Estado de maravilhamento: estado de extrema admiração, emoção estética intensificada.

Estado de comunhão: conformidade e harmonia de sentimento ou ideia compartilhados coletivamente.

Estado místico: no primeiro sentido grego, o que tem a ver com o conhecimento dos mistérios; sentimento de entrar, além do véu das aparências, numa identificação/fusão com a mais alta das realidades; o estado místico dá um sentimento de unidade e harmonia. No que diz respeito ao autor, sentimento muito forte do mistério do que é, "o mistério cotidiano de nós mesmos e do mundo", dizia Vladimir Jankélévitch.[49] Não resisto à vontade de citar uma frase curiosa de Freud em carta a Adamek: "Todo indivíduo inteligente, de fato, tem um limite em que começa a se tornar místico, lá onde começa seu ser mais pessoal."

Estado de possessão: estado em que somos habitados por uma divindade, um espírito, um antepassado, um demônio, outra pessoa ou forças desconhecidas.

Estado de transe: estado que se manifesta na possessão, na divinação (Pítia), na mediunidade, no orgasmo, na inspiração poética, literária e musical, na festa. É o estado alterado, mesa giratória a que convergem os outros estados pós-xamânicos. Gilles Léothaud[50] estabeleceu uma distinção entre transe xamânico, transe identificatório e transe empático; o transe xamânico pode ser "dramático" (ou seja, violento, convulsivo) ou cataléptico; o transe identificatório abrange os estados de possessão, seja por espíritos superiores nos cultos e ritos mágico-religiosos, como o candomblé, seja por espíritos maus ou diabólicos, como foi o caso das possuídas de Loudun;[51] o transe empático abrange estados místico-religiosos (como os de Teresa de Ávila ou Sabbatai Zevi) que levam ao êxtase, mas também estados profanos, como o *tarab*[52] árabe e o *duende* característico do flamenco, que dão ao espectador um transe de comunhão exaltada.

Estado de exaltação: que leva a euforia ao mais alto grau de intensidade.

Estado de inspiração: sentimento de um sopro criador que anima o artista e é uma forma do estado de transe.

---

49. Para mim, existe complementaridade entre espírito místico e espírito crítico, mesmo preservado seu antagonismo. Assim como entre espírito racional e espírito passional.

50. Em seu curso "Música e transe", cujo texto nos transmitiu.

51. Descrito à sua maneira pelo sublime filme *Madre Joana dos Anjos*, de Jerzy Kawalerowicz, 1961.

52. Gilles Léothaud relata que um califa omíada do século VIII rasgou as próprias roupas na exaltação provocada pela música de um grande cantor da sua época.

Estado sagrado: estado altamente poético no qual a emoção comporta um respeito infinito, devoção, religiosidade, podendo chegar à adoração.

Estado de adoração: estado de amor ao mesmo tempo místico e sagrado pelo divinizado ou o divino.

Êxtase

O êxtase é a suprema consumação dos estados poéticos.

Em tudo que é poesia, amor, participação, há um enfraquecimento, mas não uma inibição, dos centros cerebrais separadores entre o eu e o mundo... Nesses estados privilegiados de comunhão, estamos a cavaleiro entre separação e não separação.

O fervor místico (como em João da Cruz ou Jalaladim Rumi, no rito alucinado, na meditação budista, na adoração), que é por sua vez um transe de comunhão, conduz ao êxtase, estado privilegiado em que os lobos cerebrais que operam a separação entre o eu e o mundo, entre o eu e o outro, entre o eu e o nós são não apenas debilitados, mas inibidos.

O êxtase é o estado paradoxal em que nos encontramos quando nos perdemos, no qual nos realizamos esquecendo de nós mesmos.

O êxtase proporciona a sensação de fusão com o Adorado, o Absoluto ou o Todo.

Os caminhos para o êxtase são múltiplos e podem ser os caminhos da intensidade extrema do transe místico, da festa, da embriaguez, da paixão ou, pelo contrário, da serenidade extrema de uma meditação transcendental.

Se o estado de poesia é a aspiração profunda do ser humano, o êxtase é a aspiração suprema dessa aspiração.[53]

---

53. Gilles Léothaud distinguiu claramente transe e êxtase, embora seja possível confundi-los, pois um transe extremo pode se transformar em êxtase; mas ele adquire beatitude, extrema serenidade, sentimento do absoluto.

O êxtase acaso nos falaria da possibilidade de experimentar o indizível? Seria comunhão com o incognoscível? Caberia levantar aqui a hipótese de que o êxtase, por interação cerebral com a realidade quântica,[54] permitiria essa comunhão?

Na extremidade do *samsara,* há a vida "prosaica", mais ou menos automatizada, mecanizada, submissa. Depois, quando nos afastamos, aparece a vida poética de comunhão, a qual, na exaltação, chega às proximidades estáticas do *nirvana...*

Intuição

A intuição seria uma qualidade cognitiva à disposição do nosso espírito/cérebro, fora do raciocínio e da experiência? Seria produto consciente de um processo inconsciente? Cabe distinguir dois tipos de intuição. Existe uma intuição, na verdade, extremamente racional, em que o espírito intuitivo discerne, por movimentos imperceptíveis na fisionomia do interlocutor, os sentimentos por ele experimentados e ocultados. Assim, o cavalo calculador Hans Esperto, que respondia a perguntas de aritmética, fornecia o número certo batendo com o casco quando percebia no rosto de seu senhor (que este julgava hermético) a satisfação do resultado.

A intuição que diz respeito ao outro muitas vezes é favorecida pelo que Bergson, definindo-a, chama de "uma espécie de simpatia com o objeto do conhecimento". Essa simpatia já não seria o início de uma mimese?

Existe uma outra intuição, aparentemente não raciocinada, como a da aproximação de um perigo. Ora, esse tipo de intuição, como no caso dos animais que preveem a chegada de um terremoto, provavelmente decorre, como a de Hans Esperto, da detecção de sinais imperceptíveis para os seres humanos, talvez por meio de um "sexto sentido".

---

54. Roger Penrose, físico, acredita que as capacidades não algorítmicas da consciência decorrem de suas conexões com a física quântica.

Mas a intuição da morte distante de alguém da família ou de um acontecimento futuro não pode decorrer da detecção desse tipo de sinais. Ela vem de uma comunicação de natureza desconhecida. Existem sem dúvida casos de pseudotelepatia, de falsos pressentimentos, mas alguns casos verídicos que não podem ser uma questão de acaso bastam para confirmar a capacidade do espírito/cérebro de emitir ou captar sinais fora do alcance dos nossos sentidos. Esses casos poderiam justificar a hipótese de que o espírito/cérebro humano teria momentos de transgressão do tempo e do espaço...

Do ponto de vista do conhecimento, como é que os animais adquiriram seu saber sobre os alimentos que lhes são vitais e os que são prejudiciais? De que maneira os gatos reconhecem as ervas que os curam quando estão doentes? Como certos animais, cães ou cabras, pressentem os terremotos antes de acontecerem? Tais possibilidades premonitórias não estariam adormecidas ou atrofiadas em nossos próprios cérebros? O xamanismo não estaria restabelecendo contato com modos de conhecimento muito disseminados no mundo animal e mesmo vegetal?

Para tentar entender a aquisição de conhecimentos por vias aparentemente não racionais, podemos retomar a hipótese de Jeremy Narby sobre o conhecimento xamânico, que atuaria por meio do DNA, que seria a linguagem universal da vida, e generalizar essa hipótese para o conjunto do mundo animal e vegetal. Também podemos imaginar uma via telepática, mas igualmente a partir da ideia-chave de que tudo que está separado é inseparável e de que a inseparabilidade se manifesta de certa maneira por meio das intuições xamânicas ou outras.

O conhecimento xamânico talvez seja um enigma que pode ser resolvido com a descoberta de um modo de conexão ainda não detectado, como aconteceu com o eletromagnetismo descoberto por Maxwell. Acredito que existam modos de comunicação que poderemos descobrir, como foram descobertas recentemente as ondas gravitacionais até então indetectáveis.

A criatividade, ela, sim, é um mistério! Pode ser simulada ou desencadeada por interações não elucidadas entre nosso nível de realidade física e o nível de realidade quântica, e essas interações são de natureza a provocar a criatividade tanto na evolução biológica quanto na criatividade humana do espírito/cérebro. Acredito sobretudo que a força criadora escapa a toda denominação, permanecendo em última análise um "mistério indizível" (Klee).

E já dissemos que essa criatividade, especialmente no terreno das obras de arte, é inseparável de um estado de transe ou possessão, ainda que atenuado (chamado banalmente de inspiração).

Conclusão

Outra criatividade se manifestou nos desdobramentos interretroativos: ciência/técnica/economia, característicos dos tempos modernos ocidentais. Suscitaram a incidência e depois o desencadeamento descontrolado dos poderes humanos sobre a natureza e sobre a própria humanidade, no e pelo aparecimento e pela utilização generalizada das técnicas que permitem a captação das energias materiais (vapor, eletricidade, átomo) e em seguida o desenvolvimento de máquinas artificiais cada vez mais poderosas e aperfeiçoadas, ao mesmo tempo que são produzidas armas de destruição em massa que se transformam em armas de aniquilamento. Ao se globalizar, com efeito, nossa civilização foi animada por um excesso destruidor que degrada a própria biosfera e a própria antroposfera. Tratei amplamente dessa questão.[55]

Está cada vez mais evidente que a civilização do poderio técnico e do bem-estar material negligenciou as aspirações e necessidades do espírito e da alma humana. Sua hiperatividade ignorou a vida interior, a necessidade de paz e serenidade, concedendo a essas necessidades um tempo determinado de lazer ou férias para melhor retornar à

---

55. Cf. *Terra-Pátria*, Editora Sulina, 2011; *La Voie*, Fayard, 2011.

hiperatividade, ao tempo cronometrado, ao domínio do cálculo, do lucro e do interesse pessoal.

No momento em que a ocidentalização submerge o Oriente, é da desorientação (palavra que vem a calhar) dos espíritos ocidentais que vêm os apelos e o recurso à ioga, à meditação e ao budismo.

Tratemos de reler *Fundação*, de Isaac Asimov, magnífica obra de ficção científica. Os cientistas de um formidável império intergaláctico em decomposição criam no planeta Terminus uma Fundação de salvaguarda enciclopédica de todas as conquistas científicas e técnicas de sua civilização, para escapar ao declínio e à morte. Entretanto, o declínio tem prosseguimento, mas, no momento em que parece irremediável, os sobreviventes tomam conhecimento de uma mensagem hologramática do falecido criador da Fundação. Ele revela que ela era um pretexto para dissimular a criação de uma outra Fundação, dedicada a desenvolver exclusivamente os poderes espirituais, os únicos válidos, os únicos benéficos, os únicos capazes de promover um bem-viver. Essa fundação viverá.

As duas fundações de Asimov expressam as duas aventuras separadas do espírito humano. Uma busca desvendar e mesmo possuir exteriormente os segredos do mundo físico, da vida, da sociedade e desenvolveu uma ciência capaz de tudo conhecer, mas incapaz de se conhecer e produzindo atualmente não só elucidações benéficas como cegueiras maléficas e poderes aterrorizantes. A outra aventura busca, dentro de si mesma, se conhecer, meditar sobre o que se sabe e o que não se sabe, se nutrir de poesia vital, sentir o emocionante, o belo, o admirável. A primeira é a aventura conquistadora da trindade ciência/técnica/economia. A segunda é a aventura da filosofia, da poesia, da compreensão, da compaixão.

8

Pós-humanidade

*Em sua forma suprema, os robôs não serão
nem escravos nem adversários da humanidade,
mas a própria humanidade, transfigurada. Os
seres humanos não serão suplantados pelos
robôs: vão se tornar robôs.*

TOSHIHARU ITŌ

*Nunca a humanidade uniu tanto
poder a tanta desorientação, tantas preocupações e
tantos brinquedos, tantos conhecimentos e tantas
incertezas. A inquietação e a futilidade
dividem entre elas nossos dias.*

PAUL VALÉRY (1932)

Os motores que propulsionam a nave espacial Terra são ciência/
técnica/economia. Eles nos dirigem para dois futuros divergentes e
antinômicos. Ambos já começaram.

Catástrofe

O primeiro está carregado de ameaças.

Para começar, a aventura da globalização[56] é profundamente ambivalente, e é difícil avaliar a importância comparativa de suas características negativas e positivas: seus imperativos, crescimento, desenvolvimento, ocidentalização, produzem processos positivos que solapam os autoritarismos das sociedades tradicionais, criam zonas de prosperidade, favorecem as trocas culturais internacionais, mas produzem, em contrapartida, processos negativos, convertem maciçamente a pobreza em miséria, aumentam sem solução de continuidade as desigualdades, destroem os movimentos de solidariedade, perturbam as civilizações tradicionais e as regulações naturais da biosfera.

A unificação tecnoeconômica do globo e a multiplicação das comunicações não provocaram uma consciência de comunidade de destinos humanos, mas, pelo contrário, recuos particularistas para identidades étnicas e/ou religiosas; não uma grande união, mas uma multiplicação de desorganizações e rupturas políticas e culturais degenerando em conflitos.

Para além de suas ambivalências, o processo globalizante, que prossegue de maneira irresistível, tende a aumentar, acumular e combinar processos que conduzem a catástrofes em cadeia.

Notemos:

A degradação contínua da biosfera, que nada tem podido frear, compreende não só as poluições urbanas e industriais, não só a diminuição da biodiversidade, não só o aquecimento climático, não só o desflorestamento maciço, não só a desvitalização dos oceanos, mas também a esterilização maciça dos solos dedicados às monoculturas da agricultura industrializada, produzindo alimentos padronizados, insípidos, impregnados de pesticidas, perigosos para a saúde dos povos do planeta.

---

56. 1. Cf. *La Voie, op. cit.*

A hegemonia mundial da finança sobre as economias e os Estados provocou o reinado do lucro imediato, submetendo Estados-nações e o gênero humano a seu império.

A ausência de verdadeira regulação da economia globalizada suscitou apropriações especulativas, o enorme poderio financeiro das máfias, evasões de capital e mais adiante a crise financeira de 2008, que prossegue aos sobressaltos, agravando a situação das classes pobres e médias.

O planeta estará cada vez mais sujeito a dois tipos de crises de civilização; a crise das civilizações tradicionais sob os efeitos da ocidentalização, a crise da civilização ocidental em que o bem-estar material não gerou necessariamente o bem-viver, em que o cálculo, o lucro, a padronização da vida se tornaram hegemônicos. Essas duas crises provocam cada vez mais insatisfações, rancores, frustrações, revoltas; essas duas crises se ligam na crise da humanidade, que não consegue se tornar humanidade.

A multiplicação e a miniaturização das armas nucleares aumentam os riscos de sua utilização no contexto dos crescentes fanatismos e cegueiras. A isso se somam as novas formas de guerra (mísseis, drones, atentados suicidas que matam indistintamente as populações) e virão se somar aos ciberataques de uma guerra informática, atingindo as malhas nervosas vitais das sociedades.

A multiplicação das fontes de conflitos e das situações de guerra provoca o desencadeamento de fanatismos étnicos, nacionais, religiosos que levaram à desintegração de nações como a Líbia, o Iraque, a Síria, conflitos que se internacionalizam e disseminam suas metástases no conjunto do planeta.

O agravamento das relações entre o mundo ocidental e o mundo árabe-islâmico tornou-se uma fonte crescente de revoltas e violências.

A multiplicação das migrações de guerra, de perseguições, da miséria provoca reações cada vez mais xenofóbicas e racistas nos países que se recusam a acolher ou amontoam os refugiados em acampamentos.

O sonambulismo do mundo político, que vive no dia a dia, do mundo intelectual cego à complexidade, e a inconsciência generalizada contribuem para a marcha em direção a catástrofes.

Tudo contribui, portanto, para nos levar a contemplar a probabilidade de um futuro em que uma multiplicidade de catástrofes, ao provocar umas às outras, levaria a grandes cataclismos, atingindo todos os aspectos da vida humana, promovendo regressões gerais de civilização, das quais seriam vítimas as liberdades, as democracias, as conquistas sociais que ainda subsistem. Naturalmente, são apenas probabilidades, nada é certo, mas só será possível escapar desse rumo provável mudando de caminho.

Certas regressões políticas, de resto, já começaram, inclusive na Europa. Um conflito nuclear poderia provocar a maior e mais duradoura catástrofe.

Promessa

Simultaneamente, a mesma trindade ciência/técnica/economia que tende a nos conduzir aos desastres prepara um futuro feliz para a humanidade, emancipando-a do que até então constituía suas mais terríveis fatalidades.

Os mesmos motores estão produzindo dois futuros incompatíveis.

Como anunciei em 1951, no meu livro *O homem e a morte*, os avanços médicos serão capazes de adiar a idade da morte, simultaneamente suprimindo manifestações de decrepitude da velhice, e permitirão ao mesmo tempo envelhecer jovem e adiar indefinidamente (mas não infinitamente) a morte.

Com efeito, não só a medicina preventiva detectará antecipadamente os riscos de doença como sobretudo as células-tronco repararão os órgãos defeituosos (medicina regeneradora), ou então estes serão substituídos por órgãos artificiais (coração, fígado, pulmão). Não se trata de modo algum de uma ilusão.

Mas de fato é uma ilusão, entre muitos adeptos do transumanismo, acreditar que o ser humano vai alcançar a imortalidade. Ele poderá provavelmente alcançar a amortalidade, vale dizer, deixar de sofrer a morte natural, mas sem por isso escapar à fatalidade da morte.

Os vírus e bactérias fabricarão capacidades de resistência por mutação e provocarão novas doenças mortais. No momento eles já são mais perigosos nos próprios hospitais, pois desenvolvem-se calejados pelos antibióticos. As mortes violentas não poderão ser eliminadas, como tampouco os atentados e assassinatos, e a morte continuará sempre uma ameaça. As catástrofes naturais que comprometem o futuro do planeta não pouparão os amortais.

Enfim, supondo-se que um certo número de amortais sobreviva indefinidamente, serão vítimas do esfriamento do sol e da extinção da vida na Terra. Supondo-se que uma última fração da espécie humana emigre para outro planeta, estará sujeita à morte do sol desse planeta. Supondo-se que ela consiga emigrar de planeta em planeta, será atingida e eliminada pela morte do universo. A morte nunca vai deixar, portanto, de parasitar a vida e a consciência humana.

Assim como um prolongamento da vida em boa saúde parece desejável, pois é muito demorado e difícil alcançar experiência e o próprio desenvolvimento humano, assim também a multiplicação de Matusaléns colocaria problemas, sobretudo num mundo entregue a forças caóticas. Teríamos uma elite de ricos e poderosos que, se beneficiando de maneira egoísta da amortalidade, se isolariam em superguetos de luxo protegidos, blindados, guardados e progressivamente perderiam suas qualidades propriamente humanas, desprezando o resto da humanidade que terá permanecido mortal e sendo odiados por essa humanidade, sem, todavia, perder o sentimento de angústia de uma morte que mais cedo ou mais tarde os alcançará também.

Por outro lado, o prolongamento da vida provocaria uma enorme diminuição dos nascimentos, logo, da diversidade e da criatividade humanas. As manipulações de DNA já agora possíveis eliminariam os que se desviam, logo, os originais, logo, os criadores. Se, como já vimos começar, o controle e as intervenções genéticas em embriões de fato permitirem ter filhos *à la carte*, segundo a vontade dos pais ou da autoridade social, não haverá mais diversidade humana, e toda criatividade seria eliminada para dar lugar à padronização.

Desse modo, o futuro eufórico da amortalidade se transformaria em um futuro preocupante, evoluindo mais cedo ou mais tarde para uma desastrosa desumanização.

A segunda perspectiva emancipadora do pós-humanismo é a eliminação do caráter coercitivo e penoso do trabalho mediante uma automatização generalizada que seria efetuada por máquinas inteligentes: computadores e robôs.

Já estão previstos para 2018 os automóveis autônomos sem condutor humano; robôs inteligentes já são capazes de realizar as tarefas domésticas, fazer companhia a pessoas solitárias (robôs de conversação — *chatbots*, em inglês) e estão em via de se tornar companheiras ou companheiros eróticos. O computador Watson dá conselhos jurídicos com 90% de pertinência. Um ciborgue nasceu em Harvard, criatura sintética que vive com um coração de rato. A colonização privada de Marte teria início em setembro de 2023 com o envio de uma expedição de quatro colonos (dois homens e duas mulheres), antecedido por transferências de materiais logísticos e bens de consumo.

As impressoras em 3D e o acesso gratuito às obras culturais pela internet transformariam o sistema de mercado. A automatização generalizada causaria o desaparecimento de 70 a 80% dos empregos. Uma renda universal seria então necessária. Donde a necessidade de uma verdadeira revolução para transformar as relações sociais e as vidas pessoais, na qual a cooperação poderia levar ao definhamento do egoísmo, a locação, ao definhamento da propriedade, e o capitalismo deixaria de ser hegemônico para se tornar um setor de risco da economia.

Os algoritmos, que já vemos se espraiando por toda parte, poderiam determinar as decisões.

O sonho de uma sociedade humana totalmente automatizada sob a lei do algoritmo não levaria ao super-humano, mas ao desumano. O sonho de uma racionalidade algoritmizante tenderá a nos reduzir a máquinas triviais. É um falso ideal. O humano não é algoritmizável. Tampouco a história é algoritmizável, ou previsível. As decisões humanas importantes, particularmente políticas, são tomadas em contexto aleatório, não é possível eliminar a incerteza característica da aventura humana; enfim, tudo que é essencial para as pessoas — amor, sofrimento, alegria, infelicidade — escapa ao cálculo. A poesia da vida não é algoritmizável. O mais importante não é algoritmizável nem automatizável. Só o funcionamento das máquinas triviais o é. Mas a automatização, o algoritmo, já agora considerados como servidores e não como senhores, poderiam contribuir para que os seres humanos se dedicassem, numa dialética criadora razão/paixão, prosa/poesia, ao essencial de suas aspirações de vida.

Examinemos agora o próprio conceito de pós-humanidade, que abrange o homem ao mesmo tempo amortal, aumentado, modificado e emancipado do trabalho pelas máquinas inteligentes.

Está claro que a intervenção no nascimento e na morte, a prótese entre o biológico e o humano e a informatização das máquinas poderiam dar origem a uma metantropo.[57]

As colonizações extraterrestres, hoje impossíveis, talvez venham a se tornar possíveis, e o metantropo se tornaria um cosmopiteca (intermediário entre ser humano e novo ser cósmico). A ausência de gravitação no espaço interestelar poderia nos transformar em homens-pássaros. Assim, parece concebível o surgimento de uma nova espécie pós-humana por meios artificiais. Mas uma nova espécie, nascida de uma ciência fria e de uma técnica sem ética, estaria apta, antes de mais nada, para a potência e o poder; e então não seria mais cruel ainda que a anterior? Não nos faria esquecer nossa aptidão para a bondade, a compaixão, a amizade, sentimentos ainda presentes no *Homo sapiens/demens*?

Se os processos que tendem para o metantropo são reais, a imortalidade continuará sendo mítica. E, assim como a natureza do super-ho-

---

57. Cf. *O homem e a morte, op. cit.*

mem representava um problema, pois tinha suas versões nietzschiana, nazista, stalinista (mito do homem novo), assim também a natureza do metantropo é problemática.

Ele seria da raça pós-faraônica do homem-deus, da raça pós-nazista dos senhores, da raça pós-tecnocrática dos supergestores?

E não seria melhor que fosse um ser humano não tanto quantitativamente modificado ("aumentado"), mas qualitativamente melhorado?

Examinemos, para concluir, a hipótese de Joël de Rosnay, nascida do seu "homem simbiótico": ele supõe que um macro-organismo dotado de um cérebro planetário nasceria das conexões integradoras entre os espíritos humanos, as máquinas inteligentes, a internet e todas as demais intercomunicações: seria um ser bioantropocibereletrônico, digital e que teria consciência de si mesmo. Seria, portanto, um metantropo, não mais sob a forma de um indivíduo, mas sob a forma de um superser vivo os englobando... Entretanto, Joël de Rosnay não diz o que seria nesse caso da consciência individual, se seria condenada ou desenvolvida.

A perspectiva da pós-humanidade é hoje concebível sob diversas formas. Mas necessita imperativamente de nós, seres humanos, e desde já de um pensamento da condição e da aventura humanas, de uma consciência das chances e dos riscos trazidos pela complexidade antropológica do *Homo sapiens/demens, faber, mythologicus, religiosus, economicus, ludens*, de uma consciência do que há de mais precioso no homem.

A condição pós-humana

A pós-humanidade pressupõe a superação da humanidade atual. Ela pressupõe que, assim como o desenvolvimento do *Homo sapiens* se fez no desaparecimento do Neandertal, do *Erectus* e das outras espécies hominídeas, assim também o pós-humano se fará no desaparecimento do humano. Mas um verdadeiro progresso pós-humano pressupõe a salvaguarda e o desenvolvimento das qualidades de alma, espírito e coração ainda subdesenvolvidas e tão frágeis no homem.

Nossa consciência nos ensina que o futuro da humanidade depende também do futuro da consciência.

É trágico que a metamorfose pós-humana tenha começado sob o influxo cego do triplo motor científico/técnico/econômico que propulsiona a nave espacial Terra, enquanto a metamorfose ética/cultural/social, cada vez mais indispensável para essa metamorfose, continua no limbo. Pior ainda: a regressão ética, psicológica e afetiva acompanha a progressão científica, técnica, econômica.

A regeneração de um humanismo que se torne planetário e se enraize na Terra-Pátria é necessária para evitar o reinado da nova espécie dos senhores, dispondo de todos os poderes, entre eles o prolongamento da vida, sobre o conjunto dos outros seres humanos submissos.

A metamorfose (ou as metamorfoses) biológico-técnico-informática precisa sobretudo ser acompanhada, regulada, controlada, guiada por uma metamorfose ético-cultural-social.

Ela se faz necessária para evitar o poder das máquinas pensantes, das quais dependeremos, embora elas dependam de nós, e que poderiam talvez se emancipar de nós ou mesmo adquirir uma consciência (o que foi previsto por Gotthard Günther)[58] e dominar o destino pós--humano.

A metamorfose transumana é propulsionada por forças anônimas descontroladas que são inconscientes do destino que produzem. A metamorfose humanista, de fato, precisa das potências inconscientes da espécie humana, mas também de forças éticas reflexivas conscientes dos indivíduos. Os novos poderes pós-humanos seriam desumanos se não estivessem sob o controle de uma humanidade nutrida do melhor de si mesma.

Cabe acrescentar que os promotores do transumano se fecham num pensamento eufórico que lhes oculta o futuro catastrófico produzido pela trindade sem freio: ciência técnica economia.

---

58. *La Conscience des machines: une métaphysique de la cybernétique* [Das Bewusstsein der Maschinen], seguido de *Cognition et volition*, prefácio de Edgar Morin, L'Harmattan, 2008.

Eles ignoram que a ciência, já agora ligada à técnica numa tecnociência, é uma formidável máquina descontrolada que trabalha pelo bem e o mal, pela vida e a morte.

Não têm consciência da complexidade contraditória que a trindade ciência técnica economia traz em si.

Não têm consciência de que a parte de realismo contida na previsão transumanista é esterilizada pela inconsciência dos processos catastróficos que contaminarão o transumanismo.

Não têm consciência de que os dois futuros, comandados pela mesma trindade, serão em interações e retroações.

E, sobretudo, não têm consciência de que, tanto para evitar as catástrofes quanto para evitar a desumanidade da pós-humanidade, é necessária uma profunda reforma intelectual e moral.

Eles ignoram a barbárie regressiva que a sua civilização avançada comporta.

Ignoram que a loucura sempre esteve presente na história humana.

Ignoram, em sua obsessão quantitativa de vida aumentada, a necessidade primordial de qualidade de vida.

Ignoram a aspiração a outro tipo de civilização que emerge por toda parte no mundo, na resistência à hegemonia do cálculo, do lucro, do egoísmo, do anonimato e que é movida pelas necessidades de florescimento, partilha, amor, vida poética.

Ignoram que só se pode formular uma ética e uma política na consciência das complexidades humanas.

Ignoram que a comunidade de destino de todos os seres humanos na Terra exige uma consciência comum da Terra-Pátria, envolvendo as pátrias sem eliminá-las.

Ignoram que precisamos de um humanismo antropobiocósmico.

É efetivamente dessa aspiração e dessa dupla consciência que poderia nascer um novo Caminho para outro futuro.

Finale

O saber da ignorância conduz ao inefável.

Nicolau de Cusa

*O incomensurável e o infinito são
tão indispensáveis para o homem
quanto o pequeno planeta em que ele vive.*

Fiódor Dostoiévski

O fósforo que acendemos no escuro não se limita a iluminar um pequeno espaço, ele revela a enorme escuridão que nos cerca.

O percurso deste livro nos incita a reconhecer e frisar a relação ao mesmo tempo antagônica e complementar entre conhecimento, ignorância e mistério.

A contradição a que chega todo conhecimento aprofundado não é erro, mas última verdade concebível. É preciso então reconhecer a validade dos paradoxos e das contradições como últimas manifestações do conhecimento.

Podemos normalizar, trivializar, racionalizar e assim eliminar o desconhecido e o incognoscível. Eles vão reaparecer a cada avanço do conhecimento.

Podemos cobrir todas as coisas com explicações. Mas as explicações se baseiam em pressupostos inexplicáveis. A explicação pela emergência que propusemos para o nosso universo é ela própria inexplicável.

A explicação da riqueza luxuriante da vida pela sua criatividade é igualmente inexplicável.

Podemos considerar as evidências evidentes, mas acontece que as evidências trazem em si mesmas um grande mistério.

O conhecimento complexo é o caminho necessário para chegar ao incognoscível. Caso contrário, continuamos ignorantes da nossa ignorância.

Nossa ciência nos tornou esclarecidos quanto à engrenagem da máquina, mas ignorantes da máquina propriamente dita.

Todo o segredo do mundo está em nós, mas ele está fora do alcance do nosso espírito, e nós ignoramos o que sabemos.

Existe por toda parte um formidável saber organizador e criador do qual nada conhecemos.

O espanto que está no começo da filosofia é o que se encontra no seu fim.

O universo é espantoso.

A vida é espantosa.

O humano é espantoso.

O universo é maravilhoso e aterrorizante.

A vida é maravilhosa e aterrorizante.

O humano é maravilhoso e aterrorizante.

A vida é sonâmbula.

O humano é sonâmbulo.

A consciência do nosso sonambulismo nos despertou sem que nosso sono fosse perturbado, mas ela nos trouxe o conhecimento dele. Ela nos traz o reconhecimento do desconhecido e do impensável.

Eis a contribuição das grandes obras, como diz Patrick Chamoiseau:

Os grandes artistas, as grandes obras sempre instalarão uma porta aberta para o horizonte sem horizonte do impensável. E é o que me parece importante no gesto artístico. Não o significado oferecido, essa indigência que nos tranquiliza, mas verdadeiramente uma porta que se abre, que nunca mais vai se fechar e que nos transmitirá sem fim as energias do impossível de conceber.[59]

Nossa única esperança está no despertar da consciência e na força do amor.

O mistério em nada desvaloriza o conhecimento que a ele conduz. Ele nos torna conscientes das forças ocultas que nos comandam, que não são principalmente determinismos, mas são como *Daimon* internos e externos a nós, que nos possuem e nos conduzem às loucuras, à embriaguez e aos êxtases.

Ele estimula e fortalece o sentimento poético da existência. A finalidade aparentemente desprovida de sentido — "viver por viver" — comporta a possibilidade de fazer a escolha de viver poeticamente.[60]

Ele exige que assumamos nossa aspiração à alegria e ao êxtase, que nos dá o sentimento (ilusório?, verídico?) de nos unir a uma sublimidade indizível que nos transcende.

Ele nos faz entender que viver é uma navegação num oceano de incertezas com algumas ilhas de certezas para se orientar e se abastecer.

Ele nos estimula a decidir e agir no incerto, sabendo tomar o partido de Eros no corpo a corpo de sua luta contra Tânatos.

Ele incita nossa participação na aventura da humanidade.

É uma aventura louca misturando o sublime e o horrível. Ela é parte integrante, marginal ou de vanguarda, da aventura do universo.

Nós continuamos nossa aventura no seio da aventura cósmica, sem saber para onde elas vão.

VERÃO-OUTONO DE 2016

---

59. P. Chamoiseau, *La matière de l'absence*, Seuil, 2016.
60. A poesia talvez tenha nascido com a vida, desde o gozo de existir da bactéria, e se manifestou nas flores, nos adornos, cores, voos, cambalhotas, movimentos voluptuosos. E ela encontrou a prosa, a morte, a tragédia.

Este livro foi composto na tipografia
Minion Pro, em corpo 12/16, e impresso em
papel off-white no Sistema Digital Instant Duplex
da Divisão Gráfica da Distribuidora Record.